Desenmascarando al
espíritu
DE
Jezabel

La falsa adoración y el espíritu de
control en una era de apostasía

John Paul Jackson

PENIEL

Buenos Aires - Miami - San José - Santiago

www.peniel.com

EDITORIAL PENIEL
Boedo 25
Buenos Aires, C1206AAA
Argentina
Tel. 54-11 4981-6178 / 6034
e-mail: info@peniel.com
www.peniel.com

Diseño de cubierta e interior:
ARTE PENIEL • arte@peniel.com

Publicado originalmente en inglés con el título:
Unmasking the Jezebel spirit
Copyright © 2001 John Paul Jackson
Originaly edition issued by special arrangement - Kingsway Publications
Lottbridge Drove, Eastbourne, East Sussex, England BN23-6NT

Jackson, John Paul
Desenmascarando al espíritu de Jezabel. - 3a ed. - Buenos Aires : Peniel, 2011.
192 p. ; 21x14 cm.
Traducido por: Virginia López Grandjean
ISBN 10: 987-557-025-7
ISBN 13: 978-987-557-025-2

Impreso en Colombia / Printed in Colombia

Índice

*A los cientos de pastores que me han contado
sus historias; a las muchas voces proféticas
que han sido silenciadas en manos de este
espíritu; a los intercesores que han sido
aplastados por el peso de este enemigo
opresivo, quiera Dios que encuentren
sanidad de ese dolor.*

*A los que han sucumbido ante este espíritu y
se han recuperado, quiera Dios que sus
dones sean utilizados, algún día, para
extender aún más el glorioso Reino de Dios.*

Agradecimientos

Muchas personas participan en la realización de un libro. Primero, mi más profundo y amoroso reconocimiento para mi amada esposa, Diane. Ella me ha alentado y me ha ofrecido valiosas ideas a lo largo de los quince años que llevó escribir este libro. Muchos ataques demoníacos hicieron que más de una vez haya guardado este libro en un cajón. Pero el Señor continuaba hablándome y diciéndome: "No te des por vencido".

Diane ha resistido valientemente cada tormenta que el enemigo envió a nuestro camino para abortar la edición. Sus oraciones, sus aportes y su profunda capacidad para escuchar la voz del Señor han enriquecido el manuscrito, así como enriquecieron mi vida. Este libro quizá sea el más difícil que jamás deba escribir.

Quiero agradecer los esfuerzos de todos los contribuyeron. Mis sinceras gracias a Marla Wessel que me ayudó a desarrollar el manuscrito original. Muchas gracias a tres intercesoras que hicieron valiosas sugerencias sobre el manuscrito: Tina Santizo, Linda Nail y Jo Beth Kested. También mi gratitud para los que leyeron amorosamente el manuscrito: Randa Rottschafer, Jane Mitrani, Diane Schechner, Laura Smith, Fenancia Tillema, Ruth Armstrong, Laurie Thompson, Kyndl Sánchez, Vicki Jackson y Roxanne Stewart.

Quiero agradecer a Carolyn Blunk, que sirvió como editora de este proyecto, y a su asistente, Brett Yates. Sus horas de duro trabajo y dedicación han convertido mi magro intento en un libro útil para el reino de Dios. Mi sincero agradecimiento a Lou Engle por su prefacio y a mis queridos amigos que enviaron sus palabras de apoyo para alentar a otros a leerlo y captar el glorioso destino de la generación profética que viene.

Finalmente, quiero expresar mi aprecio por el personal de mi ministerio, *Streams Ministries International,* por ayudarme a cargar con el peso espiritual de este desenmascaramiento. Ellos también tuvieron que enfrentar batallas personales cuando Satanás intentó detener la impresión de "**Desenmascarando al espíritu de Jezabel**".

"En Dios haremos proezas, y él hollará a nuestros enemigos"
(Salmos 60:12).

Introducción

En este libro registro las historias de muchos que han combatido contra el espíritu de Jezabel. Espero que las lecciones y experiencias aquí escritas sean de aliento para usted. Al leer este libro, le ruego que no cometa el error de dar por supuesto que las mujeres son las únicas que caen bajo la influencia de este espíritu demoníaco. Aunque es cierto que los únicos ejemplos claros que aparecen en la Biblia son de mujeres, creo que hombres como Absalón, Coré y Balaam también obraron bajo su influencia.

Mi oración es que los pastores, al leerlo, se contengan y no comiencen a apedrear a inocentes o a cualquier persona que no esté de acuerdo con ellos. También oro para que no crean, erróneamente, que aquellos que tienen un don profético incipiente y que, simplemente, aún son inmaduros en cuanto a las normas del protocolo de la iglesia, están bajo el control de un espíritu de Jezabel. Por esto, a lo largo del libro he tratado de señalar las diferencias entre ambos espíritus, junto con algunas soluciones sugeridas.

Finalmente, espero que usted no llegue a la conclusión de que estoy en contra de que haya mujeres fuertes y ungidas en el ministerio. Nada podría estar más lejos de la verdad que eso. De hecho, yo recibí el llamado de Dios sobre mi vida motivado por una mujer muy poderosa y ungida, ya fallecida: Ruth Ward Heflin.

En 1981, cuando vivía en Jerusalén, Ruth tuvo un sueño. El Señor le dijo que fuera a Dallas, Texas, EE.UU. Allí se le daría un espacio en la radio para hablar sobre cómo Dios habla por medio de sueños y visiones. El Señor le dijo que un joven escucharía la emisión; un joven que estaba resistiéndose al llamado de Dios sobre su vida. Durante ese programa, el joven iba a llamar a la radio. Ella sería utilizada para cambiar la dirección de su vida y ayudarlo a cumplir con su destino. Ese joven era yo.

Así que quiero, por favor, que comprenda que estimo de gran manera a las mujeres que cumplen con su llamado en Cristo. En los últimos días, muchas mujeres de Dios se levantarán con gran unción para predecir y demostrar asombrosas señales y maravillas. Muchas mujeres ejercerán una osadía, fiereza y determinación que, para algunos, serán dominantes; pero al mismo tiempo, sus vidas demostrarán que están sometidas claramente a la autoridad señalada por Dios, como todos debemos hacerlo.

Estamos en la antesala del mayor mover de Dios en la historia del mundo. Dios quiere visitarnos de manera sin precedentes. Este libro fue escrito como llamado para una generación profética que fue predicha en la Biblia por el profeta Joel. Él habló de una generación notable sobre la que el Espíritu de Dios se derramaría sin medida (ver Joel 2:28-32). Bajo la unción del Espíritu Santo, tanto hombres como mujeres, jóvenes y viejos, van a profetizar.

Históricamente, cuando se levantan voces proféticas, el enemigo levanta voces falsificadas que imitan a la verdadera unción profética. Esas voces son las del espíritu de Jezabel. En este escrito me dedicaré a hablar de cómo Jezabel, como poder espiritual, influye sobre las acciones de los seres humanos. A sabiendas de ello o no, esos seres humanos presentan obstáculos para el mover de Dios en esta era, y se oponen permanentemente a él.

Mi oración es que el divino orden de Dios llegue a la preeminencia, y que la iglesia despierte de su complacencia y su tolerancia hacia este espíritu. También oro para que se levante un ministerio profético inspirado por Dios, y que también se levanten intercesores piadosos que tengan la marca de la humildad, el discernimiento y la sabiduría, que ayuden a dar entrada al glorioso Reino de nuestro Señor.

CaPíTuLo 1

Una era
de apostasía

Era una era de apostasía. Una nación a la que Dios había llamado a ser suya le había vuelto la espalda. Cambiaron su adoración de Dios por los ídolos de un pueblo que alguna vez habían conquistado en su nombre. El rey que gobernaba Israel era hijo de un hombre que había ganado el trono por medio del asesinato. Su nombre, Acab, iba a convertirse en sinónimo del mal.

Detrás de la corrupción del trono de Acab había una mujer: Jezabel. Ella esperaba expandir su poder al casarse con Acab, y llevó destrucción sobre los israelitas. Esta destrucción vino por medio de su fanática devoción a los dioses falsos: Baal, deidad masculina del poder y la sexualidad, y Astarot, diosa femenina de la fertilidad, el amor y la guerra. Los rituales para Baal y Astarot implicaban depravadas y licenciosas prácticas sexuales y abominaciones. La adoración de estos ídolos apelaba a los elementos bestiales y materiales de la naturaleza humana. El ídolo de Baal semejaba el órgano sexual masculino, mientras que el altar de Astarot semejaba el órgano sexual femenino. Más de cuatrocientos cincuenta profetas de Baal y profetisas de Astarot servían a los depravados deseos carnales de Jezabel. Muchas veces se sacrificaban vidas humanas para apaciguar a estas deidades paganas.

En contra de esta apostasía, Dios levantó al profeta Elías, que desafió a Acab y destruyó a los profetas de Baal en el monte Carmelo. Como contrapartida, Satanás levantó a su mensajera para intentar silenciar la voz profética de Dios. Se trataba de la esposa del rey Acab, Jezabel.

Nosotros también vivimos en una era de apostasía. Nuestra sociedad le ha dado la espalda a Dios. El pecado ha infectado al cuerpo de Cristo y a sus líderes. Pero, en medio de la increíble decadencia y depravación de nuestra época, Dios levanta una generación profética. Esta generación llevará el espíritu de Elías. Será ungida para realizar señales y milagros, y obtener grandes ganancias para el reino de Dios.

Así como lo hizo desde el principio, Satanás levanta una fiera oposición contra esta generación profética. El enemigo siempre ha tratado de silenciar las voces proféticas de Dios, y de abortar la oración intercesora. Una vez más, su nombre es Jezabel: una fuerza espiritual diabólica que trata de engañar, manchar y destruir a las autoridades de Dios.

Aunque la frase "espíritu de Jezabel" es utilizada en ciertos círculos carismáticos, pocas personas comprenden realmente cómo opera esta fuerza demoníaca. Un espíritu de Jezabel es un poder espiritual que tiene influencia en todo el mundo. No es simplemente un demonio que posee a un individuo. Es un poder demoníaco de los lugares celestes que trasciende límites geográficos específicos y puede afectar a naciones enteras. Sea cual fuere la región en que ingrese este poder, se une al principado que gobierna en ese territorio y colabora con él.

Los poderes de Jezabel obran en conjunción con los principados y potestades que atormentan a las personas (ver Efesios 6:12). Estos poderes demoníacos incluyen los espíritus de religión, manipulación, control, lujuria, perversión y ocultismo. Estos espíritus operan

–generalmente– en conjunción con un espíritu de Jezabel para construir fortalezas en la mente de una persona.

Cuando se establece una fortaleza de Jezabel en la mente de una persona, yo llamo a ese hecho "caer bajo la influencia de un espíritu de Jezabel". En el momento en que esto ocurre, los procesos racionales y razonadores de la persona comienzan a deteriorarse. Sus pensamientos y acciones se distorsionan.

Para los que están familiarizados con las computadoras, podríamos decir que la computadora de su mente ha recibido un virus que hace que responda a los datos de una manera no lógica. Ese virus corrompe, desvía y distorsiona toda la información que es recibida a partir de ese momento. Como un virus informático, una fortaleza de Jezabel está programada para manifestarse cuando se "aprietan determinadas teclas": cuando se producen determinadas situaciones. El virus también influye sobre la actividad de otros que estén en red con esa "computadora". De hecho, el espíritu de Jezabel, como un virus, tiene como fin cortar la red y matar al receptor. Esto también ocurre con cualquiera que no se desconecte del receptor.

Un programa antivirus alerta a la computadora de que existe un virus que opera de manera contraria a las leyes del programa para el que fue diseñada. El antivirus le dice a la computadora cómo reconocer el virus y destruirlo. Para operar de manera eficaz, es posible que la computadora deba ser reprogramada con datos nuevos, según el grado del daño causado por el virus.

Esta ilustración es un dramático paralelo de lo que sucede en el Reino cuando una fuerza extraña, como un poder de Jezabel, se descarga sobre una iglesia. Su meta es desconectar y destruir personas, ministerios y a la iglesia toda. Esto será lo que suceda, a menos que se aplique el remedio de Dios: un antivirus divino. Si los pastores no pueden evitar o detectar la operación de este espíritu, sus cónyuges, hijos y los miembros de su iglesia pueden llegar a caer presas de este espíritu dominante.

Ocasionalmente, todos somos vulnerables a ser influenciados por este poder controlador y manipulador. Todos tratamos de controlar a los demás, hasta cierto punto. Y aunque no hay indicadores claros de cuándo una persona cruza la línea, abrir el alma a la influencia de un espíritu de Jezabel es un proceso que lleva tiempo. Cuando más tiempo una persona obra de manera controladora y manipuladora sin arrepentirse de ello, más fuerte se vuelve ese espíritu. Finalmente, se convierte en una forma de vida para los que tienen este espíritu. El método fundamental para relacionarse con los demás y obtener el control será a través de este espíritu.

Aunque las ilustraciones que nos da la Biblia sobre Jezabel son de mujeres, este poder demoníaco no infecta solamente a las personas de sexo femenino. También ha habido hombres que fueron influenciados por este espíritu. Cuando esto ocurre, quedan debilitados y como castrados. Sin embargo, es difícil que un hombre esté bajo la influencia de este espíritu durante mucho tiempo, porque necesita un espíritu de Acab para mantenerse vivo. Por el contrario, el espíritu de Jezabel opera, comúnmente, a través de mujeres, que usan el atractivo y la seducción de este espíritu para lograr sus objetivos.

Al escribir este libro, mi intención es facilitar la sanidad y la unidad en el cuerpo de Cristo. Por lo tanto, quiero advertir a toda persona que no aplique a la ligera la frase "espíritu de Jezabel". Como cristianos, no debemos herir innecesariamente a las personas al acusarlas falsa y malignamente. De hecho, podemos tomar las características de Jezabel nosotros mismos –un espíritu asesino– cuando vamos a la caza de una persona para colgarle un mote falso.

Debemos recordar que la mayoría de las personas que caen bajo la influencia de este espíritu son personas heridas, que sufren. El poder del Espíritu Santo está a disposición de ellas para ayudar a sanarlas.

Jesús anhela liberarnos de lo que nos aprisiona. Todos debemos mirar nuestro pecado y el de los demás, con sinceridad, compasión y esperanza. En la actualidad se necesita desesperadamente que alguien ministre a las personas e iglesias que son oprimidas por este espíritu. Este es el tiempo de que pastores y líderes, con valentía, pongan en acción la gracia.

CaPíTuLo 2

Alianzas impuras

Nelson tomó otro sorbo de café y continuó observando a la atractiva joven. Ella estaba muy bien vestida con un traje negro y tenía una mirada optimista; su apretón de manos denotaba seguridad, y mantenía un contacto visual directo, mientras hacía participar con entusiasmo a las personas en la conversación. Llena de penetrante carisma, esta mujer era vivaz y entusiasta. Tenía la capacidad de atraer a las personas hacia sí. Era divertida, y parecía ser una devota estudiosa de la Biblia.

A medida que la iglesia de Nelson decaía, algunas personas que él había seleccionado para el liderazgo se habían ido. Para llenar ese vacío, necesitaba nuevos líderes. Cada mes, su desesperación aumentaba al ver que el dinero de diezmos y ofrendas continuaba disminuyendo. Durante las conversaciones que tenía con ella, esta mujer le había sugerido sus teorías sobre cómo aumentar la membresía de la iglesia. Era una mujer de negocios extremadamente aguda, y creó un plan para llevar a la iglesia a una posición dominante. Durante los siguientes meses se afianzó más en la iglesia y comenzó a liderar un estudio bíblico para mujeres.

Al mismo tiempo, Nelson estaba perplejo por lo que esta mujer creía. Parecía que estaba en contacto con el Espíritu Santo. Pero también parecía que hubiera un espíritu "oscuro" que le indicaba que hiciera cosas inusuales, algunas de las cuales habían sido causa de comportamientos inmorales. A pesar de esto, Nelson y su esposa disfrutaban al estar con ella. Reconocían su potencial y se reunían con ella con frecuencia, y trataban de guiarla.

A medida que colocaban sus esperanzas en ella, las mujeres jóvenes de la iglesia comenzaron a adoptarla como líder. Mientras la influencia de esta mujer crecía, la de Nelson disminuía. Como un neumático que va perdiendo lentamente el aire, la iglesia continuaba reduciéndose. Entonces la esposa de Nelson comenzó a sufrir diversas enfermedades y su mente se llenó de fantasías sexuales. Para empeorar las cosas, sus colaboradores de la iglesia, que alguna vez fueron también sus amigos, comenzaron a fomentar divisiones, y el programa de pequeños grupos, que era fundamental para la iglesia, comenzó a perder vitalidad.

Un día Nelson me llamó para pedirme ayuda. Cuando comencé a meditar sobre lo que Dios quería para este asunto, tuve un sueño que me permitió atravesar la cortina de humo creada por el enemigo. Le relaté lo que Dios me había mostrado, y él me confirmó que era cierto. Pero Nelson y su esposa estaban indecisos. Paralizados por la confusión, continuaron dándole a esta mujer responsabilidades, liderazgo y autoridad dentro de la iglesia. Admitieron que era posible que ella recibiera consejo, algunas veces, de un "espíritu guía". Sin embargo, amaban a esa mujer y querían ayudarla. ¿Qué podían hacer?

Una alianza impura

Lo que acabo de relatar es llamado "una alianza impura"; una relación que nos permite llegar a los resultados que buscamos, aunque tenemos conciencia de que la persona continúa pecando voluntariamente. Además, es evidente, al leer la Biblia, que Dios no aprueba que se le dé una posición de liderazgo a una persona así en la iglesia. Aunque Nelson y su esposa justificaban su decisión de no quitar a esta mujer del liderazgo "por el bien del Reino", el Reino sufría las consecuencias de este arreglo impuro y, finalmente, su iglesia también las sufrió.

Lealtades divididas

Una situación similar sucedió con Omri, el sexto rey de Israel. Para asegurar y ampliar su reinado, Omri hizo una alianza impura por medio del matrimonio de su hijo, Acab, con una princesa extranjera, Jezabel. Esto creó un vínculo político entre Israel y Tiro. El matrimonio tenía como fin sellar un tratado de paz entre ambos poderes; pero la alianza demostró ser un compromiso demasiado costoso. Ceremonialmente, requería que Israel siguiera los protocolos religiosos y políticos de la nueva esposa de Acab. Esto significaba profundizar aún más la inmersión de Israel en la idolatría. Por lo tanto, con su plan de extender su reino, lo que Omri hizo en realidad fue poner en peligro a Israel. Su necesidad de construir una nación gloriosa lo cegó y debió sufrir las consecuencias de la anarquía.

Cuando aceptó tomar una reina extranjera, Acab violó, a sabiendas, el mandato de Dios. Aparentemente, justificó sus acciones ante sí mismo, pero el Señor lo condenó por haberse vendido para hacer lo malo (ver 1 Reyes 21:25). Dada su entusiasta participación en la depravada adoración de Baal, una alianza política habría confirmado oficialmente las creencias religiosas idólatras e inmorales de Jezabel, y las habría infligido directamente sobre los israelitas. La historia nos dice que es esto precisamente lo que ocurrió.

Jezabel llevó con ella a Israel sus viles prácticas religiosas. Ordenó que se levantaran ídolos de piedra en los lugares altos y también los erigió en el santo templo de Dios. Aunque no hubiera hecho nada más, este flagrante decreto, por sí solo, le hubiera causado el odio de los profetas de Israel. Así, Jezabel cambió lo santo por lo profano. La Biblia también indica que Jezabel era prostituta y adúltera, además de practicar la hechicería (ver 2 Reyes 9:22).

Jezabel tenía características de personalidad relacionadas con la manipulación, el control, la perversión sexual y la idolatría. Pueden sacarse algunas conclusiones bastante sorprendentes y relevantes de una mujer que provoca tal tono de venganza en el corazón del Señor. Creo que un espíritu maligno motivaba las acciones de Jezabel y le otorgaba su amplia influencia. También creo que la influencia de este espíritu existe en la actualidad, y que nunca ha sido erradicado de la iglesia. Por el contrario, ha disfrutado de un impío reinado. A medida que nos acercamos a los últimos tiempos, este espíritu demoníaco parece aún más enraizado dentro de la iglesia.

El nombre Jezabel, de origen fenicio, significa 'sin esposo'. Aunque estaba casada, la falta de sumisión de Jezabel a su esposo y sus infidelidades, demostraban que el matrimonio no significaba nada para ella. El matrimonio es una figura de respeto y sumisión mutuos, pero Jezabel no se sometía a nadie. Por el contrario, exigía que todos se sometieran ante ella. Su matrimonio fue una mera alianza política que le permitió no solo ser reina, sino, básicamente, en la práctica, el rey dominante. Ella tenía respuestas para todos los problemas del rey.

Una diva mortal

Jezabel aprendió el arte de la traición de su padre, Et-Baal, cuyo nombre significa "como para Baal". Et-Baal se había convertido en rey cuando planeó un asesinato. Por esto, la tendencia de Jezabel al asesinato tenía raíces en su familia. Para ella, eliminar a una persona era simplemente un medio más para lograr un objetivo.

Vemos por primera vez a Jezabel en el reinado de Acab, rey de Israel (años 869-850 a. de J. C., ver 1 Reyes 16:31). Acab no fue el único en sucumbir a las perversiones de Jezabel. Sus hijos también estaban bajo el control de la madre. Su hijo Ocozías fue culpable de los mismos pecados que su padre (ver 1 Reyes 22:51-53). Otro hijo, Joram, fue muerto por Jehú, rey de Israel, como castigo por todas las cosas que sus padres habían hecho a los profetas de Dios (ver 2 Reyes 9:24-26).

La hija de Jezabel, Atalía, llegó a ser reina de Judá. Como su madre, buscó un esposo que fuera débil para poder llevar a cabo sus malignos designios (ver 2 Reyes 8:25-27). Como consecuencia, su propio hijo, Ocozías, que llevaba el nombre del hermano de aquella y que podría ser fruto de una relación incestuosa, hizo el mal a los ojos del Señor. Madre e hijo, así como los otros setenta hijos de Acab y sus familias, murieron por orden de Jehú.

Jezabel no era una mujer común. Le gustaba el dramatismo. Cada cosa que hacía, cada palabra que pronunciaba, debe de haber sido efectuada con gran pasión y con impuro abandono. Era una figura intimidatoria, una rosa con agudas espinas, tenía "el facón bajo el poncho". Era imposible ignorarla, porque podía costarle la vida a uno.

La manera en que Jezabel recibió a Jehú desde el muro fue algo más que un saludo casual. Se pintó los ojos y eligió el vestido más seductor que tenía. Planeaba una maniobra de seducción para engañar a Jehú, el décimo rey de Israel (ver 2 Reyes 9:6) y convencerlo de hacer alianza con ella; quizá, de que se convirtiera en su próximo esposo. Pero, más que nada, quería intimidar a Jehú. Ella era una fuerza dominante en Israel. Si Jehú no hubiera ordenado que la arrojaran del muro, Jezabel habría tenido el reino para ella sola. Pero Jehú, valientemente, llevó a cabo la tarea que el Señor le había encomendado: destruir a la casa de Acab (ver 2 Reyes 9:7).

En esta hora Dios lanza un llamado a los pastores de todo el mundo. ¿Responderán ellos como Acab, o como Jehú?

Paz a cualquier precio

Un espíritu de Acab simboliza la abdicación de la autoridad o, al menos, una autoridad pasiva. Esto nos habla de una mentalidad que evita la confrontación y niega la falta. El espíritu de Acab ama la posición que tiene, y teme la confrontación. Alguien que tiene un espíritu de Acab prefiere la paz a cualquier precio, aunque esto implique hacer alianzas impuras.

Una persona que está bajo la influencia de un espíritu de Acab suele pedir treguas en vez de hacer pactos, de manera que, en lugar de santificar, prostituye la relación. ¿Cómo puede hacerse una tregua con alguien cuya meta es destruirnos? Un espíritu de Acab siempre sacrifica el futuro por lograr la paz en el momento presente.

Trabajando de forma conjunta, los espíritus de Acab y Jezabel forman, silenciosamente, una relación de codependencia. Ambos necesitan al otro y se alimentan de él para lograr sus metas, como un parásito y su huésped. Un pastor que está bajo la influencia de un espíritu de Acab necesita de alguien con un espíritu de Jezabel para mantener su posición y completar su base de poder.

Russell, un pastor amigo mío, insistía en que yo debía conocer a una mujer de su congregación. Aunque esto no es inusual, ni tiene nada de malo en sí mismo, Russell parecía confiar demasiado en la opinión de esta mujer para cualquier decisión que debía tomar. Le advertí sobre el peligro de las relaciones de codependencia, pero era demasiado tarde. Seis meses después, Russell cayó en pecado sexual con esta mujer.

Líderes que aplacan

Como muchos líderes en la actualidad, el reino de Acab se caracterizó por tratar de aplacar y pacificar a Jezabel al ceder a sus exigencias. Así toleró las abominables prácticas y los detestables decretos de su esposa.

Muchos pastores aceptan a una persona que está bajo la influencia de un espíritu de Jezabel porque esa persona parece tener capacidad de liderazgo o visión espiritual que ayuda a crecer a una iglesia. Algunos hasta se convencen de que, a su tiempo, podrán hacer "madurar" a esa persona. Pero, en el proceso de ayudarla, muchos pastores ceden en sus convicciones y así debilitan su autoridad. Recuerde, el espíritu calmo de Acab fue exactamente lo que dio lugar a que creciera el letal poder de Jezabel.

En varias ocasiones he observado a pastores que permanecían indecisos, sin confrontar, simplemente por miedo de que una persona pudiera dividir a su iglesia. Un pastor en particular tenía muy en claro que su principal intercesora estaba bajo la influencia de un espíritu de Jezabel. Y temía enfrentar la situación, simplemente, porque esta mujer era intimidatoria y tenía influencia sobre los demás. Si la iglesia perdía más miembros, no iban a poder cumplir con los pagos del préstamo que habían tomado para pagar la construcción del templo. Lamentablemente, esta es la situación en que se encuentran muchos pastores en la actualidad. Los pastores que están atrapados en esta situación mortal necesitan oración y aliento.

Evitar las confrontaciones

Es necesario ser un pastor muy valiente para confrontar la fortaleza y la obstinación de un espíritu de Jezabel. Por medio de sus acciones, una persona que esté bajo la influencia de un espíritu de Jezabel revelará los puntos fuertes y los puntos débiles de un pastor. Los pastores verán cosas de sí mismos que preferirían ignorar. Quizá reaccionen y se pongan a la defensiva cuando su autoridad es desafiada. Para calmar la revuelta, el pastor quizá responda y trate de apaciguar a este espíritu, o quizá lo promueva. Si tiene miedo, quizá decida suprimir todos los dones de profecía de su iglesia. Tal vez el pastor utilice –egoístamente– a esta persona para promover sus propios planes. Cualquiera de estas reacciones daña la vida espiritual de una iglesia. Si nadie lo controla, el pastor puede dejar a su iglesia abierta a la dominación y al control de este espíritu diabólico, y la iglesia se hundirá pronto bajo el peso de la opresión espiritual, con lo que quedarán aplastadas toda la vitalidad y la visión espiritual que tuviera.

Un espíritu de Jezabel contamina todo lo que toca. Lo que es santo se vuelve vil. Las personas comienzan a dejar la iglesia, sin saber por qué; simplemente, se sienten compelidas a irse, como si pudieran sentir las tinieblas que se ciernen sobre ella.

Los pastores que reaccionan de forma exagerada e impulsiva al eliminar grupos de intercesión y profecía, silencian así a sus fuentes más confiables de discernimiento y revelación. Cuando esto sucede, se crea un vacío espiritual en la iglesia. Las tinieblas de la confusión se apresuran a cubrirlo todo. Como en un juego de ajedrez, si dejamos un espacio libre, nuestro oponente pronto tratará de ocuparlo. Tal maniobra quizá permita que el enemigo ubique a sus mortales profetas en lugares de prominencia.

Los pastores que se retiran y prefieren no ejercer su autoridad pueden llegar a hacer daño al pueblo de Dios al permitir, sin quererlo, que cada vez este espíritu demoníaco acumule más poder. Mientras se evite el asunto, el problema solo empeorará. Cuando finalmente se lo confronta, el espíritu de Jezabel se ha enraizado tanto en una iglesia que es difícil desalojarlo.

Conspirar con las tinieblas

Si un pastor simula que ignora las maldades que comete Jezabel, quizá tenga un espíritu afín. A sabiendas o no, el pastor se ha alineado con este espíritu. Sus métodos y metas comenzarán a ser similares. El pastor pronto descubrirá que puede lograr sus metas si explota a su paralelo, en una verdadera conspiración con las tinieblas.

Uno de dos juicios caerán sobre este pastor a menos que reconozca su error y se arrepienta. O abrazará por completo al espíritu

de Jezabel y se convertirá en un rey títere sujeto a un terrible engaño, una fuerte depresión y una pesada indecisión aun en los asuntos más insignificantes, o él y su iglesia enfrentarán una terrible
hambruna espiritual. La presencia manifiesta de Dios se retirará de
entre ellos. Solo el recuerdo de su presencia permanecerá; lamentablemente, tampoco lo percibirán como un juicio.

Tolerar al enemigo

*Pero tengo unas pocas cosas contra ti: que toleras que esa mujer Je-
zabel, que se dice profetisa, enseñe y seduzca a mis siervos a fornicar y a comer cosas sacrificadas a los ídolos* (Apocalipsis 2:20).

Cuando un pastor tiene un amigo de su confianza que comienza a mostrar características de un espíritu de Jezabel, es fácil que
decida justificar la rebelión de la persona o simplemente ignorarla.
Generalmente, los pastores son tolerantes con los que llaman "amigos". Pero esta lealtad y esta confianza en un amigo crean un punto ciego. Por lo tanto, debe poder ver las cosas desde fuera de la
amistad, contemplar la situación como un asunto pastoral y corregir cualquier insubordinación.

En última instancia, si un pastor corrige la situación, la gente se
sentirá más segura bajo su liderazgo y confiará más en su autoridad
dada por Dios. Pero si el pastor no corrige la rebelión, finalmente
llegará a perder el respeto de su gente. Los miembros de la iglesia
lo mirarán con desprecio, debido a las consecuencias que esto trae-
rá sobre la iglesia. Reinará la confusión, y los propósitos de Dios serán obstaculizados por un liderazgo débil.

Un pastor que cede en sus deberes atrae a las personas que hacen lo mismo que él. La unción del pastor quedará reducida a una
simple gota, comparada con lo que hubiera debido ser. La luz de su
iglesia se irá apagando, mientras el cuerpo de Cristo comienza a
perder su agudeza espiritual.

Frutos de tolerancia

A la verdad ninguno fue como Acab, que se vendió para hacer lo malo ante los ojos de Jehová; porque Jezabel su mujer lo incitaba (1 Reyes 21:25).

Así como Acab permitió que Jezabel ofreciera niños en sacrificio como forma de adoración, el espíritu que motiva el aborto continúa con vida gracias al espíritu de Jezabel. Por medio de maquinaciones egoístas, controladoras y manipuladoras, este espíritu también trata de abortar a los que son jóvenes o inmaduros en el Señor. Además, este espíritu recibe a los falsos maestros que son motivados por el poder intelectual del alma.

Ha llegado la hora de obedecer a un nuevo mandato que se levanta en toda la Tierra y cobra ímpetu. Dios da poder a su iglesia para que libere, osada y celosamente, las verdaderas voces apostólicas y proféticas. En esta hora Dios desea que el espíritu de profecía, que es el testimonio de Jesús, sea vibrante en cada iglesia. El espíritu profético revelará lo que está oculto.

Batallas victoriosas

Así dijo Jehová Dios de Israel: Yo te he ungido por rey sobre Israel, pueblo de Jehová. [...], para que yo vengue la sangre de mis siervos los profetas, y la sangre de todos los siervos de Jehová, de la mano de Jezabel (2 Reyes 9:6-7).

En este momento de la historia, los representantes de Dios, pastores de su iglesia, tienen delante de sí una gran batalla. Los pastores son convocados por el Señor para tomar un espíritu de valor y levantarse como verdaderos reyes. Así como la tarea encomendada a Jehú fue librar al reino de Dios de las influencias desmoralizantes y corruptoras de Acab y Jezabel, hoy se lanza el llamado para quitar esos mismos espíritus apóstatas de la Iglesia.

CaPíTuLo 3

Una influencia corruptora

En un episodio de la serie *"Viaje a las Estrellas: Abismo Espacial 9"*, titulada *"El Paraíso perdido"*, unos extraterrestres llamados *metamorfos* comienzan a infiltrarse en puestos clave de la flota. Estos extraterrestres habían adoptado formas humanas y tomado la apariencia de miembros confiables de la Federación. Su propósito era crear confusión y miedo en la Tierra. Así como los *metamorfos* enviaron a sus agentes a sabotear la Federación, Satanás envía sus propias fuerzas de tinieblas para destruir la obra de la Iglesia. Estos agentes demoníacos pueden adoptar nuestra apariencia y hablar nuestro mismo idioma, pero son leales a otro reino. Así como la Federación tuvo que aprender a discernir la presencia de los *metamorfos*, el cuerpo de Cristo debe aprender a identificar a los que están bajo la influencia de un espíritu de Jezabel.

Scott, que era pastor de una iglesia muy grande, estaba confundido por la cantidad de colaboradores de la iglesia que habían renunciado. Él había elegido y entrenado cuidadosamente a un grupo extraordinario. Ahora, sospechaba que otro colaborador más estaba a punto de irse. Entonces comenzó a hacerse la luz. Una de sus colaboradoras se reunió con una mujer que había integrado un grupo de brujas. Al pasar, esta mujer mencionó que había reconocido a dos mujeres que asistían con regularidad a la iglesia, como integrantes de su anterior grupo. Aunque se suponía que eran cristianas, se descubrió luego que aún practicaban la brujería. Durante los cultos en la iglesia, estas dos mujeres se sentaban en la primera fila y recitaban sus conjuros musitando, como si oraran. Lo trágico es que estas brujas pudieron apartar a varios colaboradores del fuerte equipo de Scott al lanzarles maleficios demoníacos.

Escuche esta advertencia

El apóstol Juan advirtió a la iglesia de Tiatira sobre una persona que había adoptado el espíritu de Jezabel.

Pero tengo unas pocas cosas contra ti: que toleras que esa mujer Jezabel, que se dice profetisa, enseñe y seduzca a mis siervos a fornicar y a comer cosas sacrificadas a los ídolos. Y le he dado tiempo para que se arrepienta, pero no quiere arrepentirse de su fornicación. He aquí, yo la arrojo en cama, y en gran tribulación a los que con ella adulteran, si no se arrepienten de las obras de ella. Y a sus hijos heriré de muerte, y todas las iglesias sabrán que yo soy el que escudriña la mente y el corazón; y os daré a cada uno según vuestras obras. Pero a vosotros y a los demás que están en Tiatira, a cuantos no tienen esa doctrina, y no han conocido lo que ellos llaman las profundidades de Satanás, yo os digo: No os impondré otra carga; pero lo que tenéis, retenedlo hasta que yo venga. Al que venciere y guardare mis obras hasta el fin, yo le daré autoridad sobre las naciones, y las regirá con vara de hierro, y serán quebradas como vaso de alfarero; como yo también la he recibido de mi Padre; y le daré la estrella de la mañana (Apocalipsis 2:20-28).

Imagine cómo se sintió la iglesia de Tiatira cuando leyó: *"Tengo unas pocas cosas contra ti"* (Apocalipsis 2:4). Dios les dio una opción: sacar del medio a la Jezabel impenitente o sufrir el juicio divino. Pocas palabras son tan terribles como estas. Caer bajo el juicio de Dios es algo espantoso. Cuando Dios se resiste a nosotros, nada de lo que hacemos prospera. Si salimos de su protección, estaremos indefensos frente a las potestades y a los principados.

Sacar de la iglesia a una persona que no se arrepiente es seguir el mismo principio por el que el frutero comprueba que no haya ninguna fruta podrida entre las demás. Él sabe que, si hay un durazno que tiene una parte en descomposición, puede llegar a perder todo el cajón de fruta, porque el ácido de la descomposición se extiende a otros duraznos, hasta que finalmente todo el cajón queda corrompido por la influencia de un solo durazno podrido. Por eso, es necesario identificar la fruta que está podrida para salvar a las demás.

El principio de quitar el pecado del Cuerpo de Cristo fue el motivo por el que el apóstol Pablo ordenó a la iglesia de Corinto que sacara de la congregación al joven que mantenía una relación inmoral con la esposa de su padre. El pecado de un hombre infecta a toda la iglesia, de la misma manera que un poco de levadura leuda toda la masa (ver 1 Corintios 5:1-12). Esta era la situación que enfrentaba la iglesia de Tiatira. La influencia de Jezabel corrompía a la iglesia y contaminaba a muchos. Ella y su influencia debían ser reconocidas y apartadas para evitar que toda la iglesia fuera manchada y cayera en desgracia.

Apartar a los siervos

Jesús advirtió a la iglesia de Tiatira sobre este espíritu. Jezabel trata de destruir y silenciar a los profetas de Dios porque, al hacerlo, destruye el testimonio de Jesús, que es el espíritu de profecía (ver Apocalipsis 19:10). Jezabel decía ser profetisa, pero enseñaba y apartaba a los siervos de Dios.

A lo largo de los siglos, muchos de los siervos del Señor, apóstoles y profetas han sido atacados por el espíritu de Jezabel. Los que sobreviven a la campaña de este espíritu, generalmente dejan vacantes sus lugares en la iglesia y se van a otro lugar. Hasta que el pastor finalmente use su autoridad dada por Dios para sacar a este espíritu de su congregación, muchas voces proféticas maduras permanecerán apartadas. Mientras tanto, el espíritu de Jezabel tratará de implantar sus propios profetas demoníacos en la iglesia, para enseñar las cosas profundas de Satanás.

Cuando un pastor teme a una persona o a un espíritu demoníaco más que a Dios, básicamente admite, involuntariamente, que para él ese espíritu es más poderoso que Dios. Es muy posible que haya sido así como la iglesia de Tiatira llegó a aceptar a la mujer Jezabel como profetisa y maestra. Obviamente, ellos conocían sus problemas, porque la Biblia dice que la toleraban y, a sabiendas, admitían sus creencias y prácticas desviadas de la verdad. Lo más posible es que se sintieran intimidados por su despiadado control y su insubordinación. Por consiguiente, ella se aseguró un puesto de liderazgo en la iglesia.

Estar de acuerdo con un espíritu de Jezabel es algo que, en la Biblia, se expresa como *"cometer fornicación espiritual con ella"*. Dado que la iglesia permitía que Jezabel continuara siendo una líder, Dios se vio obligado a traer juicio, no solo sobre Jezabel, sino también sobre la iglesia (ver Apocalipsis 2:22). Pero esto podría haberse evitado con solo sacar a esa impenitente persona de la iglesia.

Los juicios de Dios

...y todas las iglesias sabrán que yo soy el que escudriña la mente y el corazón (Apocalipsis 2:23).

¡Qué solemne responsabilidad, qué desafío enfrentaba el pastor de Tiatira! No solo el Señor iba a hacer saber a todas las iglesias el resultado de lo que había sucedido, sino que les iba a dar a conocer el juicio –o la bendición– que caería sobre Tiatira. Al hacerlo, Dios no solo estaba juzgando sus acciones, sino los motivos escondidos en lo más profundo de sus corazones, que les permitían tolerar la anarquía que traía Jezabel.

Una sola carga

No os impondré otra carga (Apocalipsis 2:24).

Esta sencilla frase, tan frecuentemente pasada por alto, indica el singular peso de importancia que Dios otorgaba a la remoción de este espíritu. La iglesia de Tiatira tenía solo una carga: deshacerse de Jezabel. Dado que Dios se refiere a esta tarea como una *"carga"*, podemos darnos cuenta de la extrema dificultad de quitar del medio a una profetisa que estaba en el liderato. Sin duda, sería necesario contar con el esfuerzo dedicado de todos los demás líderes de la iglesia, así como de toda la congregación, para vencer esta influencia moralmente corruptora.

Creo que Dios eligió a Tiatira como ejemplo para nosotros en la actualidad. A partir de ese momento, las iglesias de todo el mundo iban a fijarse en esa iglesia para aprender cómo y por qué debían manejar este diabólico espíritu.

Vencer a un espíritu de Jezabel requiere algo más que simplemente dar fin al autoproclamado y autoungido gobierno de personas que promocionan sus dones espirituales. También requiere que los líderes de Dios se humillen y se arrepientan de utilizar la autoridad que les fue dada por Dios de una manera injusta.

El pastor que gritó "¡Jezabel!"

Michael parecía muy seguro de sí mismo. Pero, detrás de su atrayente imagen exterior, estaba lleno de inseguridades. En su segundo pastorado enfrentó quejas de miembros de la iglesia que le recordaban su primer pastorado. Como temía que este también se truncara, comenzó a responder a las críticas: se puso a la defensiva, con dureza. Comenzó a sospechar de todos y a actuar como un controlador. Se ofendía fácilmente y les endilgaba la culpa a otras personas, acusándolas de tener "un espíritu de Jezabel".

Tres años después, una pareja nueva comenzó a asistir a su iglesia. Pero, después de varios encuentros bastante sorprendentes, Michael se dio cuenta de que ambos estaban bajo la influencia de un espíritu de Jezabel. Había solo un problema: Michael había usado tantas veces la palabra "Jezabel" antes, que ya nadie le creía.

Para empeorar las cosas, los líderes comenzaron a hacerle ver sus propios problemas de control y manipulación. Desequilibrado por estas sospechas, Michael se sentía como si fuera él el que estaba siendo juzgado. Seis meses después, esta pareja anunció osadamente en un culto dominical, por la mañana, que habían sido "ungidos por Dios" para pastorear la iglesia. Una semana después, Michael se vio obligado a renunciar, y la pareja asumió el pastorado. Pero un año después, la iglesia cerró sus puertas.

Autoridad injusta

Pues en lo que juzgas a otro, te condenas a ti mismo; porque tú que juzgas haces lo mismo (Romanos 2:1).

Al señalar a esta gente con el dedo, Michael se estaba condenando a sí mismo. Sus acciones solo sirvieron para dar más poder al espíritu de Jezabel dentro de su iglesia. Si no hubiera tenido él la misma culpa que ellos, podría haber reconocido la diferencia entre inocentes e inmaduros. También podría haber evitado las dolorosas consecuencias que siguieron.

Pastores y líderes deben reconocer y luego abandonar cualquier método de control y manipulación que estén ejerciendo.

Deben dejar de murmurar en contra de otros pastores y creyentes. Una pista de que usted puede tener un problema en este sentido, es si se encuentra hablando de manera irrespetuosa de otros ministerios o si revela datos personales que le han contado en carácter de confidencia. Los pastores, que tienen acceso a información que otros no poseen son, algunas veces, los peores culpables. Deben evitar las murmuraciones antes que se rompa el odre.

También es necesario que dejen de hacer acusaciones en privado o de escuchar acusaciones en privado, sin testigos. Los pastores deben evitar explotar la espiritualidad de sus miembros y de forzarlos a hacer lo que ellos no quieren. Esto se llama "dominación". Es una falsificación carnal de lo que significa ejercitar justamente la influencia y la autoridad espiritual. Para vencer a un espíritu de Jezabel, es necesario que los líderes enfrenten todo asunto de rebelión y usurpación de autoridad que un miembro de iglesia cometa contra otro. Para hacerlo, ellos mismos deben estar libres de esos problemas.

Para que el rebaño comprenda lo que es la verdadera autoridad, los líderes deben enseñar sobre lo que significa la autoridad según la Biblia. Vencer un espíritu de Jezabel implica reconocer y restaurar cualquier relación que se haya desviado y cualquier autoridad ordenada por Dios que haya sido robada por este espíritu. Trataré este tema con mayor profundidad en otros capítulos.

Las recompensas de la autoridad justa

Y os daré a cada uno según vuestras obras (Apocalipsis 2:23b).

Ejercer una autoridad justa tiene una recompensa correspondiente a lo mismo que se ha superado. El pastor que vence un espíritu de Jezabel que trata de usurpar su gobierno, recibirá una mayor esfera de gobierno y autoridad. Esto fue lo que el apóstol

Juan dijo cuando escribió la admonición del Señor a la iglesia de Tiatira:

Al que venciere y guardare mis obras hasta el fin, yo le daré autoridad sobre las naciones, y las regirá con vara de hierro, y serán quebradas como vaso de alfarero; como yo también la he recibido de mi Padre; y le daré la estrella de la mañana (Apocalipsis 2:26-28).

Estas promesas son dadas a los que vencen a un espíritu de Jezabel. Primero, se les dará amplia autoridad espiritual sobre principados, potestades y gobernadores de las tinieblas, ahora y en la era por venir. Al romper el poder de este espíritu en la Tierra –persona por persona– se desintegra el gobierno de esos poderes en los lugares celestiales.

Segundo, los pastores recibirán autoridad para regir *"con vara de hierro"*. El único lugar donde se menciona esta frase en la Biblia es en Apocalipsis 19:15, donde habla de Jesús. Regir con vara de hierro no significa ser un tirano. Por el contrario, la persona que gobierne de esa manera verá que su autoridad está condicionada por una gran sabiduría. Al asumir el rol de Jehú con relación a cualquier espíritu oscuro, los líderes sostendrán la disciplina y los principios de la Palabra de Dios. Cuando un pastor es como una vara de hierro, no puede ser fácilmente doblado o manipulado. Este será el nivel de poder y autoridad que Dios le dará a los que venzan a un espíritu de Jezabel.

Tercero, el Señor les dará *"la estrella de la mañana"* a los que venzan al espíritu de Jezabel (ver Apocalipsis 2:26-28; 2 Pedro 1:19). La estrella de la mañana a la que hace referencia este pasaje es la autoridad y el favor divinos.

Ambas recompensas –la vara de hierro y la estrella de la mañana– difieren de otras que se registran en Apocalipsis, y son únicas de esta iglesia. Además, implican una autoridad mucho mayor que la que se evidencia en la actualidad. Aunque ninguna de las otras iglesias que menciona el Apocalipsis recibieron estas tres promesas en particular, tampoco tuvieron que enfrentar la tarea formidable de confrontar y quitar del medio a un espíritu de Jezabel.

Vigías en las puertas

Es imperativo tener discernimiento para descubrir a los que traen destrucción a la iglesia. Es, por lo tanto, la tarea de los humildes intercesores estar apostados como vigías a las puertas de la iglesia. Es responsabilidad del intercesor hacer sonar la alarma cuando descubre a alguien que podría hacer daño a las ovejas. Por consiguiente, es vital que cada iglesia tenga un fuerte ministerio de intercesión, con el fin de evitar que el espíritu de Jezabel lleve a cabo su destructiva obra.

¿Cómo puede discernir un pastor quiénes son los verdaderos vigías? En el episodio de *"Viaje a las Estrellas"* al que hicimos referencia al comienzo del capítulo, los *metamorfos* eran fácilmente reconocibles por medio de intentar un simple análisis de sangre. Aunque parecían humanos, no tenían sangre. De la misma manera, los verdaderos vigías pueden ser reconocidos por lo que tienen adentro. Hay varias formas en que se hace evidente su espíritu. Una forma es por medio de sus palabras. Jesús dijo:

> *Porque de la abundancia del corazón habla la boca. El hombre bueno, del buen tesoro del corazón saca buenas cosas; y el hombre malo, del mal tesoro saca malas cosas* (Mateo 12:34-35).

Si existen tendencias jezabélicas en el corazón de un intercesor, serán reveladas, en última instancia, por sus palabras o por sus acciones. Muchas veces ellos siembran anarquía o división en una iglesia. Pero un verdadero vigía no utiliza su posición para desafiar y desmerecer la autoridad pastoral. Por el contrario, el intercesor, humildemente, levanta al pastor pues ora por él. Además, el verdadero vigía de oración no busca autoridad para sí, sino ora por los que están en autoridad.

Otra manera en que puede identificarse a un verdadero vigía es por el fruto de su espíritu. La Biblia define claramente cuál es el fruto del Espíritu:

> *Mas el fruto del Espíritu es amor, gozo, paz, paciencia, benignidad, bondad, fe, mansedumbre, templanza; contra tales cosas no hay ley* (Gálatas 5:22-23).

Debemos observar para ver y conocer a los que trabajan entre nosotros. No podemos conocerlos solo de manera superficial, sino debemos conocerlos profundamente: lo que creen, lo que escuchan y lo que dicen cuando oran.

> *O haced el árbol bueno, y su fruto bueno, o haced el árbol malo, y su fruto malo; porque por el fruto se conoce el árbol* (Mateo 12:33).

Un verdadero vigía se somete a la autoridad, mientras que alguien que está bajo la influencia de un espíritu de Jezabel usurpa la autoridad. En el mejor de los casos, el vigía que está sometido al Espíritu Santo tiene la misma actitud que David cuando servía a Saúl: una actitud de dominio propio y respeto por la autoridad elegida por Dios:

> *Guárdeme Jehová de extender mi mano contra el ungido de Jehová* (1 Samuel 26:11a).

Finalmente, la diferencia más obvia entre un verdadero vigía y una persona que está bajo la influencia de un espíritu de Jezabel, es la motivación, la fuerza que motiva sus acciones. Un verdadero vigía está motivado por el amor en todo lo que hace. Al escribir su estudio sobre el amor, Pablo le ofreció a la iglesia de Corinto la siguiente pauta para distinguir a los obreros verdaderos de los falsos en el evangelio:

El amor es sufrido, es benigno; el amor no tiene envidia, el amor no es jactancioso, no se envanece; no hace nada indebido, no busca lo suyo, no se irrita, no guarda rencor; no se goza de la injusticia, mas se goza de la verdad. Todo lo sufre, todo lo cree, todo lo espera, todo lo soporta (1 Corintios 13:4-7).

Nuestro desafío en la actualidad

¿Cómo responderemos? ¿Reconoceremos y confrontaremos esta voz falsa y destructiva? ¿Solucionaremos los problemas propios que pueden cegarnos o motivarnos a reaccionar de manera exagerada?

Los pastores deben levantarse para liderar como Jesucristo, la brillante estrella de la mañana cuyo fulgor supera el de cualquier otro testimonio profético, y que destruye las obras del maligno. El pastor y la iglesia que desean obedecer a Dios en este sentido recibirán un campo más amplio de autoridad. Recuerde:

Esforzaos y cobrad ánimo; no temáis, ni tengáis miedo de ellos, porque Jehová tu Dios es el que va contigo; no te dejará, ni te desamparará (Deuteronomio 31:6).

Nuestra liostia en la actualidad

CaPíTuLo 4

Una red de engaños

Rebeca llevaba puesto un vestido verde esmeralda. Aunque no era muy atractiva, emanaba seducción. Algo en su cabello oscuro y en la forma en que se vestía atraía inmediatamente la atención de los que la rodeaban. Cuando la congregación alababa a Dios, su voz se destacaba entre las demás.

Lamentablemente, Rebeca no tenía idea de qué espíritu motivaba su necesidad de destacarse. Según ella, simplemente trataba de vivir una vida espiritual. Pero, en realidad, nunca había solucionado la herida que creaba su necesidad de que todos la reconocieran. De hecho, la habían confrontado con este asunto, y había negado tener problemas en ese sentido. Pero su necesidad de reconocimiento saturaba todo lo que hacía. Por ello tuvo que ser apartada de un puesto de liderazgo en la iglesia.

Rebeca creía que el pastor le negaba el lugar que ella merecía. Por lo tanto, comenzó a criticarlo sutilmente por no ser espiritual. Les pidió a otras personas que oraran para que Dios hiciera que él la escuchara, porque creía que Dios le había dado revelaciones que podían cambiar la iglesia. Cuando esta táctica falló, Rebeca buscó otros medios de obtener apoyo, y encontró un oído dispuesto en el copastor.

Con gran disimulo, Rebeca comenzó a hacerle preguntas al copastor, que tenían motivaciones ocultas. Él no conocía las verdaderas intenciones de Rebeca ni sabía que ella iba a utilizar sus palabras para reunir apoyo para su causa personal. Esta mujer planeaba sacar de su puesto al pastor principal y reemplazarlo por el copastor. Este creía que su buena disposición para escucharla le aseguraría posiciones de mayor influencia y poder en el futuro.

Rebeca comenzó a actuar de manera más osada. Usó su anterior puesto en la iglesia y comenzó a cambiar el significado de las palabras del copastor; dijo que el pastor principal predicaba herejías y que no era teológicamente correcto. Tomaba las palabras del copastor fuera de contexto y las insertaba estratégicamente en las conversaciones, para hacer aparecer como si él estuviera de acuerdo con ella. Pero esta táctica comenzó a quedar al descubierto cuando un consejero se acercó al equipo pastoral y dijo que varios miembros le habían confiado que Rebeca los había convencido de que la iglesia se estaba convirtiendo en una secta. Esto había incrementado sus temores e inseguridades.

La gota que colmó el vaso se produjo cuando la esposa del copastor escuchó, accidentalmente, a Rebeca esparciendo una mentira. Rebeca estaba diciendo que todo el equipo de liderazgo había pedido que el pastor renunciara, y que este se había negado vehementemente, diciendo que nunca lo haría. Supuestamente, el pastor ahora iba a disculparse públicamente con Rebeca por haberla sacado de su lugar de liderazgo. Cuando la esposa del copastor escuchó todo esto, se dio cuenta de lo que sucedía, y le contó todo lo que había escuchado al equipo pastoral. Lentamente, la nube comenzó a disiparse, y cada líder se dio cuenta de que, sin darse cuenta, se había puesto en contra del pastor principal después de estar en contacto con esta mujer. El equipo pastoral se disculpó ante el pastor por haber dado lugar a las murmuraciones de Rebeca y dejarse atrapar por su red de mentiras.

¿Cuáles eran las características de la mujer que logró, ella sola, traer el juicio de Dios sobre la iglesia de Tiatira (ver Apocalipsis 2:20-28)? ¿Cómo pudo una iglesia –una comunidad creciente y espiritual de creyentes cuyas obras eran mayores que las de años pasados– caer presa de un plan tan abominable para Dios? ¿Cómo pudo ser que el pastor y los profetas hayan sido engañados? Lo sorprendente es que los líderes de la iglesia de Tiatira no tenían mayor conciencia del problema que la que tenemos nosotros hoy. Pero, como veremos, los que están bajo la influencia de un espíritu de Jezabel pueden complicar y confundir de gran manera diversas facetas de la vida de la iglesia, incluso doctrinas y asuntos de autoridad.

Iglesias que atacan este espíritu

Ninguna iglesia es demasiado grande, demasiado sana o demasiado pura como para estar exenta de un espíritu de Jezabel. De hecho, cuanto mayor es la iglesia, mayor es la seguridad de que los que tienen un espíritu de Jezabel buscarán ganar influencia y poder, a menos que el pastor, los líderes, los intercesores y los que tienen dones proféticos ejerzan su responsabilidad y contrarresten este ataque espiritual.

Un espíritu de Jezabel puede encontrarse en cualquier tipo de iglesia o denominación. No está confinado a un tipo de denominación en particular. Aunque la forma religiosa y los niveles de impacto que puede tener un espíritu de Jezabel variarán según los distintos entornos, las características básicas continúan siendo las mismas.

No todos los que están bajo la influencia de un espíritu de Jezabel están decididos a destruir a su iglesia o a ganar poder sobre sus pastores y ancianos. Al comienzo, muchos –simplemente– son engañados de tal manera que creen que son más sensibles espiritualmente que otros y piensan que siempre tienen la razón. Rara vez se dan cuenta de que sus acciones caen dentro de los efectos de una influencia jezabélica.

Ciertas señales acompañan la obra de este espíritu. Por favor, tenga en cuenta que una sola característica no indica que alguien tenga un espíritu de Jezabel plenamente desarrollado. Puede significar, sencillamente, que la persona es espiritual y emocionalmente inmadura. En este capítulo –y en los siguientes– describiré las características del espíritu de Jezabel. Cuando vemos una combinación de tres o más características, puede ser una firme indicación de que una persona está bajo la influencia de un espíritu de Jezabel. (Para ver una lista más concisa, por favor, lea el Apéndice A, página 173). Aunque una característica sea claramente visible, otras pueden estar ocultas. Una manifestación prolongada de cualquiera de estas características amerita un estudio más profundo de la persona y su situación.

El espíritu de Jezabel funciona mejor cuando se combina con una persona que ha adoptado un espíritu de Acab, que suele encontrarse en los varones. Los hombres también pueden caer bajo la influencia de un espíritu de Jezabel. Algunos quizá traten de unirse a una obra de Dios en un nivel elevado del gobierno de la iglesia, así como Absalón, que se autodesignó juez, se sentó a las puertas de la ciudad para atender a cualquiera que tuviera una queja, y llegó a convencer a estas personas de que sus juicios serían más justos que los de su padre, David. Absalón abrazaba y besaba a las personas, y de esa forma se robaba sus corazones (ver 2 Samuel 15:4-6).

A lo largo de los años he visto a copastores y ancianos bajo la influencia de lo que algunos han llamado un "espíritu de Absalón". Pero, en realidad, se trata de la forma masculina de un espíritu de Jezabel. En su necesidad de obtener reconocimiento y probar que están ungidos, abierta o subrepticiamente, derriban la autoridad designada por Dios y se dedican a la anarquía, pues piensan que deben actuar para el bien de la iglesia y el avance del reino de Dios. Pero, en secreto, su plan es construir su propio imperio, que tiene como fin desmantelar toda otra autoridad.

Conquistar al profeta

Andrea comenzó a asistir a una iglesia que era conocida en toda la ciudad por apoyar los dones proféticos. Pronto comenzó a participar con regularidad en las reuniones matutinas de oración. Debido a su fiel asistencia y su presumible vida de oración, la gente comenzó a acercarse a ella para pedirle consejos. Muchos comenzaron a llamarla "profetisa". Halagada por la atención que recibía, sutilmente, los alentaba a que lo hicieran.

Mientras tanto, Andrea buscaba a todos los que tuvieran autoridad profética en la iglesia. Buscó al hombre que tenía la voz profética más importante, y le hizo preguntas con el solo fin de halagarlo. También le pidió que fuera su guía. Pero, a sus espaldas, Andrea comenzó a desmerecer sus capacidades y sus dones. Esparcía chismes sobre él y cuestionaba sus palabras proféticas para la iglesia. Para cuando este hombre descubrió lo que ella hacía, ya la red estaba tejida. Todos lo veían como un "odre viejo" que debía ser descartado, y Andrea se convirtió en la nueva autoridad profética.

Desalentado, el hombre dejó la iglesia. En los dos años siguientes la iglesia perdió todos sus pequeños grupos de intercesión y profecía, y su membresía cayó de ochocientos a doscientos cincuenta miembros. Andrea terminó por decir que la iglesia había perdido su agudeza espiritual y se fue a otra congregación, donde repitió el mismo proceso.

Como sucedió con la vida de Andrea, la meta final de algunas personas influenciadas por el espíritu de Jezabel es controlar y manejar los desacuerdos con las figuras de autoridad. Por consiguiente, cualquier líder profético que tiene verdadera autoridad espiritual dada por Dios será una amenaza para una persona que está bajo la influencia de este espíritu.

Dado que el espíritu de Jezabel falsifica la unción profética de los dones, el llamado y la autoridad, el líder profético se convierte en un blanco para él, así como para la iglesia en la que la actividad profética es tenida en gran estima. Una iglesia profética y sus líderes deben darse cuenta de que, si regresa el espíritu de Elías, también regresará el de Jezabel, su contraparte.

En su propósito de controlar el ministerio profético de una iglesia, también trata de pervertir a las potenciales voces proféticas jóvenes para que no alcancen el pleno desarrollo de su don. Trata de engañarlas para hacerlas desviar por un camino supuestamente espiritual que es, en realidad, un camino sin salida, de modo que nunca lleguen a cumplir el llamado que Dios tenía para ellos.

Divide y conquistarás

El primer movimiento que suele hacer un espíritu de Jezabel es obtener el control; tratará de sacar del medio a la autoridad profética establecida. Si un espíritu de Jezabel puede ganarse un lugar entre la gente, los pastores y un líder profético, después actuará para derrocar al líder profético. Desacreditar a un líder profético por medio de razonamientos, opiniones contundentes y hechos distorsionados, son algunas de las herramientas que este espíritu demoníaco utiliza. Lo irónico es que la persona que está bajo la influencia de un espíritu de Jezabel parecerá un creyente espiritual, aun a los que integran el equipo pastoral.

Únete y conquistarás

Para seducir y, por lo tanto, conquistar a un líder profético, el o la que tiene un espíritu de Jezabel debe tratar de ganar su favor. Esta persona tratará de unirse con un líder profético en el ámbito del espíritu; le dirá: "Soy como tú. Parece que supiera lo que piensas y lo que sientes. Somos espíritus gemelos". Pero se trata de una ligadura de alma que ataca la mente, la voluntad y las emociones del líder.

Este espíritu habla proféticamente, pero su fortaleza parte del poder del alma y es, en última instancia, mortal para los dones de su presa. La meta de este espíritu demoníaco es diluir la revelación, producir corrupción, suciedad, desinterés y desprecio por la verdadera voz profética de Dios. En algunos casos, esta unión eventual puede mostrarse por medio de manifestaciones sexuales.

Un espíritu de Jezabel busca tener intimidad con el poder. Puede usar la fascinación y el encanto de maneras aparentemente inocentes, hasta que se gana la amistad y la confianza, una familiaridad ilegítima que la persona anhela. Así como los creyentes son unidos por el Espíritu Santo, una persona que tiene un espíritu de Jezabel busca unirse en el alma con otras bajo la apariencia de que se trata de una unión de espíritus.

Lazos que atan

Generalmente puede descubrirse cómo un hombre o una mujer de Dios forma una relación que liga su alma a una persona influenciada por un espíritu de Jezabel. Comienza en el ámbito del alma. El hombre o la mujer encuentra satisfacción a una necesidad emocional en esa persona.

En el caso de los hombres, esto se traduce –generalmente– en necesidades y deseos sexuales. El tiempo de seducción puede llegar a su punto máximo en un acto sexual adúltero. De esta manera queda afectada su capacidad de cumplir un pacto. Su influencia y autoridad no tienen base auténtica; su ministerio se destruye y el reino de Dios sufre una gran pérdida. Pero si, cuando Jezabel trata de seducirlo y engañarlo, el líder hombre lo discierne y resiste con la ayuda del Espíritu Santo, esa destrucción puede evitarse.

La Biblia nos dice que somos tentados a pecar cuando somos arrastrados por nuestros propios deseos y nos permitimos ser arrastrados (ver Santiago 1:14).

Para una líder, esta ligadura del alma se manifiesta, generalmente, como un deseo consumidor y magnético de estar con la persona. Muchas veces se convierten en mejores amigas, en hermanas del alma. La persona que tiene el espíritu de Jezabel, posiblemente trate de hacerse cargo del grupo de líderes. A medida que la relación se profundiza, la líder quizá sienta que la otra persona la absorbe o la sofoca.

Un espíritu de Jezabel crea deseo, anhelo, lujuria y apetito de pecado en el corazón de la persona. Cuando esta pasión no es controlada, produce un ansia intensa. El razonamiento no cambia ni detiene la obra de este espíritu. La persona que se enreda con este espíritu seductor debe arrepentirse y recibir liberación.

Algunas personas que tienen un espíritu de Jezabel forman ligaduras de alma cuando oran y le "imponen las manos" a un líder profético, con lo que quieren impartirle la semilla de este espíritu. Quizá la persona no sepa que está impartiendo un toque demoníaco. Quizá, también, quiera orar junto a un líder profético cuando este ministra a diversas personas. Se siente compelida a orar por los demás, pero esta motivación no proviene de Dios.

Otra táctica es adular a un líder profético. Puede presentarse como una amiga que tiene un oído dispuesto, un espíritu afín, que conoce el dolor de ser malentendida y rechazada. Fabrica calidez, con la que engaña al líder profético para que se vuelva vulnerable y revele sus problemas personales. Si un líder profético tiene una debilidad causada por el rechazo, puede ser ciego a la obra de un espíritu de Jezabel que se aprovecha de su debilidad para obtener autoridad sobre él. La necesidad no satisfecha del líder por ser amado ha velado su capacidad de discernir el engaño que se teje.

Un líder profético debe confrontar los intentos de este espíritu por adularlo y seducirlo, ya sea en el orden físico o emocional.

Cuando se lo confronta, este espíritu –generalmente– se acobarda al principio, pues simula humildad. Pero después redobla su fortaleza y se levanta como una cobra con un terrible ataque verbal. Esta ira volcánica puede llegar a ser muy impresionante. Una vez que reconocen lo que sucede, muchos líderes no reaccionan para despegarse de esta ligadura de alma. Muchas veces la ligadura los hace sentir culpables por no continuar la relación.

Algo sorprendente, pero muy importante, es que el líder profético debe comprender que no le ha sido dada autoridad para derrocar a un espíritu de Jezabel. Solo puede revelar este espíritu a su pastor. En Israel, Dios no le pidió al profeta Elías que quitara del medio a Jezabel. De hecho, Elías demostró signos de ansiedad y depresión, se enfurruñó y huyó de su presencia. Así que le tocó a Eliseo, la siguiente voz profética, advertir a Jehú, al que Dios le dio la autoridad para quitarlo del medio. De la misma manera, en Tiatira, Dios no pidió a los profetas que echaran a Jezabel, sino que habló al pastor en ese sentido. Es el pastor el que tiene la clase de autoridad real y apostólica en nombre del rebaño.

Si un profeta trata de actuar sobre una persona que tiene el espíritu de Jezabel, lo único que hace es profetizar su propia caída (ver 1 Reyes 19:2). El espíritu de Jezabel suele hacer que la persona que está en lo profético huya de su responsabilidad. El profeta debe apartarse de la relación con Jezabel y buscar su propia sanidad.

El dominio del pastor

Lo rindió con la suavidad de sus muchas palabras, le obligó con la zalamería de sus labios. Al punto se marchó tras ella, como va el buey al degolladero, [...], y no sabe que es contra su vida (Proverbios 7:21-23).

El ámbito profético no es el único blanco de un espíritu de Jezabel. Cuando su objetivo es el pastor y el equipo pastoral, el espíritu de Jezabel trata de hallar el eslabón más débil para poder cortarlo y ganarse el favor de maneras muy sutiles. Para un pastor, podría ser increíble que una persona "tan madura espiritualmente" pudiera tener un motivo que no fuera de los más elevados.

Cuanto más ciego es un pastor a la identidad de Jezabel, más posible es que caiga presa de la persona "dotada" y la adopte. Después de un tiempo, será más difícil, aun para el pastor, reconocer que esta persona obra con un espíritu controlador que trata de dividir y conquistar al pastor.

La unción atrae

Troy tenía una gran unción de Dios. Miles de personas asistían a las iglesias que él había iniciado y había supervisado. Siempre lo seguían señales y maravillas. Se movía con increíble seguridad en las palabras de sabiduría. Tenía disciplina para el ayuno, la oración y el estudio ávido de la Biblia. La magnitud de la unción de Dios en su vida se revelaba en sus sermones y sus escritos. Ya desde los primeros días de su ministerio era evidente su manto profético. Pero –por ignorancia– cayó en una trampa.

Cuando estaba aconsejando a una mujer, Troy descubrió que ella era bruja. Sin pedir ayuda a los intercesores, trató de liberarla. La mujer simuló haber sido liberada y comenzó a adular a Troy; le dijo qué maravilloso era. Decía que, cuando él oraba, ella sentía el toque de Dios como nunca antes.

Poco después, algunos sutiles cambios comenzaron a afectar la vida de Troy. Su hambre por las cosas espirituales comenzó a disiparse. Su vida de oración, ayuno y estudio bíblico decreció. Él excusaba su desinterés al adjudicarlo a la carga de trabajo cada vez más grande que lo agobiaba. Así quedó tendida la trampa.

Después que esta mujer se fue, otras dos brujas fueron enviadas por la confraternidad para asistir a la iglesia de Troy y pedirle a Satanás que destruyera, tanto a Troy como a su iglesia. Estas mujeres asistían a las reuniones de intercesión y comenzaron a ejercer influencia sobre los demás, con lo cual se elevaron hasta posiciones de liderazgo. A medida que su influencia cubría a la iglesia con un manto de engaño, llegaron a convencer a los intercesores de que la esposa de Troy era un obstáculo espiritual para él. Finalmente, "profetizaron" que Dios iba a quitarle la vida, para que su esposo pudiera convertirse en el gran hombre de Dios que estaba destinado a ser.

Una de las brujas llegó a ser la secretaria de Troy. Todos los días le hacía sutiles sugerencias a él y al resto del equipo sobre las fallas de su esposa. Troy creyó la mentira de que su esposa le impedía desarrollarse, y lentamente cayó en las garras de las fuerzas de las tinieblas, hasta tal punto que llegó a creer que era mejor que "el Señor se la llevara". Comenzó a pedirle a Dios que le enviara una enfermedad mortal. La esposa de Troy enfermó muy gravemente pero, antes que llegara al punto de morir, Dios intervino.

La seductora y vivaz secretaria de Troy intentó otra estrategia. Comenzó a sugerir que su esposa había sido, en realidad, enviada por Satanás para impedirle que produjera "una simiente". Por increíble que esto parezca, convenció a Troy de que solo ella llevaba en sí esta semilla de oro que sería producida por su unión sexual. Enredado en el tejido de su engaño, Troy permitió que las mentiras y los engaños lo atraparan por completo. Finalmente, se divorció de su esposa para casarse con esta mujer. Nueve meses después, murió de cáncer de próstata. La mujer heredó todo su dinero. Después, atrajo a otro pastor a su red y se casó con él. Poco después, el hombre también murió.

Por medio de esta trágica historia, podemos ver cómo alguien que tiene un espíritu de Jezabel ama y odia al mismo tiempo la atracción que emite una unción pastoral. Así como la luz atrae a los insectos, la unción pastoral atrae a un espíritu de Jezabel. Cualquier poder que esté fuera de su propia voluntad es una amenaza de perder el control. Este espíritu lleva a una persona a hacer cualquier cosa para obtener y mantener el control sobre los demás. Obtener la autoridad de un pastor representa el desafío de comer la fruta prohibida. Un espíritu de Jezabel es despiadado y engañoso, aun para con la persona que lo manifiesta.

Destrucción lenta, pero segura

La historia de Troy es –también– un ejemplo de cómo alguien que tiene un espíritu de Jezabel "maduro" puede tratar de destruir a un hombre de Dios por medio de la manipulación, el engaño y la sexualidad. Este espíritu imparte su maldición de la misma manera que una araña viuda negra imparte su veneno mortal al macho después de la unión sexual. Además, a la inmoralidad sexual la acompaña una maldición de brujería que produce enfermedad física y muerte a la persona que responde a su seductor engaño (ver Apocalipsis 2:22).

Cuando un espíritu de Jezabel ataca a la esposa de un pastor, el ataque puede manifestarse, al principio, como un embate de pensamientos confusos o una enfermedad mental o física. También puede expresarse como un quebrantamiento físico o emocional. Cuando se afiance, el espíritu de Jezabel mismo –o un seguidor engañado por él– comenzará a insinuar a los demás que la esposa del pastor no es tan espiritual como el pastor. El destino del pastor es así obstaculizado por la falta de espiritualidad de su esposa. Obviamente, estas acciones subversivas corresponden a la obra de un espíritu de Jezabel "maduro". A medida que este espíritu se vuelve más osado, la persona puede llegar a orar abiertamente para que la esposa del pastor cambie o muera, de modo que "el pastor pueda cumplir con el llamado de Dios".

Lo sorprendente es que una persona que tiene un espíritu de Jezabel, con frecuencia, trata de integrar el equipo pastoral de la iglesia. Si no hay un puesto para ella, es posible que trate de provocar a alguien para que abandone su puesto o sea removido de él. Aun más sorprendente, la persona puede llegar a declarar, sin ruborizarse, ante sus amigos íntimos, que ella debería ser pastora o esposa del pastor de la iglesia.

También puede llegar a sugerir que lleva una "semilla divina" que podría ser representada por una criatura o por una iglesia gloriosa. Lo trágico es que, si esta situación no se resuelve rápidamente, el matrimonio del pastor suele terminar en un fracaso, y el pastor se casa con la persona que tiene el espíritu de Jezabel.

Por más increíble que esto parezca, este tipo de escenas se repite en todo lugar del mundo decenas de veces por año. Satanás es astuto. Ya sea que se trate de la viña de Nabot o de un nuevo cónyuge, un espíritu de Jezabel no se detiene ante nada hasta lograr su meta. La iglesia de Tiatira recibió una clara advertencia con respecto a estos mismos asuntos. Nosotros también debemos escuchar la advertencia del Espíritu Santo sobre ellos, porque están presentes aún en la iglesia actual.

CaPíTuLo 5

El rostro seductor de Jezabel

Herodías lo odiaba con todo su corazón. Aun cuando, ahora, ese hombre estaba en la cárcel, parecía que su voz nunca podría ser silenciada. Pero esto pronto iba a cambiar. Aunque el esposo de Herodías era un hombre malvado, no ordenaría la ejecución de un prisionero que era considerado profeta. Seguramente temería un alboroto en el pueblo. Así que ella tendría que probar con otro plan.

Por más que odiara la misma idea, Herodías sabía que la mujer que su esposo codiciaba era la hija de ella: Salomé. Pacientemente, esperó para lanzar su plan en el día del cumpleaños de Herodes, al que todos los poderosos e influyentes de todo el imperio iban a asistir.

En su cumpleaños, Herodes estaba de muy buen humor. Cuando el vino había encendido al rojo vivo su lujuria, Herodías se acercó a su hija. "Ve, Salomé, danza para Herodes. Él te dará cualquier cosa que pidas; y, cuando lo haga, pídele la cabeza de Juan el Bautista".

Vestida en una túnica violeta que destacaba su cuerpo, la joven se acercó a Herodes y le susurró algo al oído. Él sonrió y le pidió que danzara para él. Cuando la joven mujer comenzó a danzar, sus movimientos seductores atraparon a todos los que estaban en el salón... especialmente a Herodes. Ebrio y ardiente, le ofreció cumplir cualquier deseo que ella tuviera. La joven, después de mirar por un instante a su madre, sonrió y dijo: "Quiero la cabeza de Juan el Bautista en un plato". Embrujado por la hermosa hija de Herodías, Herodes era barro en las manos de la joven.

La danza de la seducción

El espíritu demoníaco que inspiró a Herodías a asesinar a Juan el Bautista (ver Mateo 14:6-11) era un espíritu de Jezabel. El espíritu de Elías que descansaba sobre Juan el Bautista había amenazado y desafiado, una vez más, al espíritu de Jezabel. Herodes, que tenía un espíritu de Acab, no pudo decir que no a las exigencias de Herodías. Al complacer su pedido, recibió lo que buscaba: favores sexuales. Y ella recibió lo que buscaba: la muerte de un profeta que amenazaba su escalada hacia lugares de poder y autoridad aun mayores.

Adulación falsa

La adulación es una herramienta fundamental que utilizan las personas que están bajo la influencia de un espíritu de Jezabel. Generalmente usan la lisonja para tratar de abrirse la puerta del apoyo de parte de los líderes de la iglesia. Aunque elogiar sinceramente, con el fin de edificar a los demás en el Cuerpo de Cristo, es algo bueno, la adulación tiene un motivo completamente diferente: trata de ganar la aprobación y el reconocimiento de los que están en autoridad. Por lo tanto, este espíritu solo da para poder recibir, y roba así la autoridad y el favor que deberían haber sido otorgados a otra persona que los merece.

Erróneamente, muchos pastores creen que una persona que tiene un fuerte don profético tiene, al mismo tiempo, el mismo nivel de carácter moral. Pero la persona que está bajo la influencia de un espíritu de Jezabel –así como el profeta que aún es inmaduro– puede demostrar un don profético muy real, algunas veces extraordinario, pero ser extremadamente débil en su carácter moral y su teología.

En alguien con un espíritu de Jezabel más desarrollado, la adulación trasciende y suaviza cualquier diferencia que haya entre dos personas. La adulación puede ser empleada para expresar profunda admiración y apoyar la visión y la dirección de una iglesia. Estas personas hablan el mismo idioma que el pastor y los líderes, pero sus motivos son solo obtener puestos de poder y control. Si la despojamos de sus adornos, esta es la estrategia de "conquístalos uniéndote a ellos" en lo espiritual.

Una trampa

Cuando una persona con espíritu de Jezabel adula a un pastor, posiblemente le hable de las grandes cosas que hará, construirá falsas esperanzas y expectativas sobre el futuro del pastor. Una vez que se ha tendido esta trampa, en los momentos de mayor debilidad del pastor, cuidadosamente preparados, esta persona le dirá que los planes de Dios están en peligro, porque alguien o algo no les permite avanzar. Puede ser su cónyuge, un anciano u otro miembro de la iglesia. Esta persona puede llegar a orar para que Dios quite a esa persona "misteriosa" del medio, de manera que el pastor pueda "ser todo lo que es llamado a ser". Muchas veces mantendrá en secreto la identidad de la "persona misteriosa" hasta tener la confianza de que cuenta con una base de apoyo suficiente en la iglesia. Entonces revelará la identidad de la persona que constituye la "amenaza". Esto, generalmente, tiene como resultado la remoción de esa persona del puesto de influencia. Estas maniobras destructivas pueden poner una presión increíble sobre el pastor, que se siente compelido a levantarse y probar a la iglesia su valor y su unción .

Uno contra otro

La adulación también puede convertirse en una forma de producir divisiones. Generalmente esto se logra al crear destructivas "relaciones triangulares". En un triángulo, Jezabel se hace amiga de la persona A y la persona B. Pero, al mismo tiempo, convence lentamente a la persona A de que B no la quiere, y a B, de que A no la quiere. Jezabel aparentemente actúa como pacificadora, con un "gran deseo" de que ambas personas tengan éxito. Pero al poner los dones y la sabiduría de una persona en contra de los de la otra, este espíritu produce envidia, luchas y contiendas aun en las más firmes relaciones.

No hay satisfacción suficiente para las incesantes demandas de un espíritu de Jezabel, porque siempre hay algo o alguien en el camino de su búsqueda de poder. Esto lleva al pastor al desaliento, la derrota y la desesperación. Durante varios años he observado a muchos pastores pasar a otra iglesia antes que enfrentar esta batalla.

Alguien que tiene un espíritu de Jezabel trata de ganarse la simpatía de muchas personas, especialmente cuando se la confronta. La persona dice que ha sufrido un abuso espiritual. Puede llegar a usar chismes para desarmar los argumentos que se esgrimen en su contra. Si un pastor se pone a la defensiva ante esta reacción, lo único que logrará será dar asidero a sus acusaciones de que ha abusado espiritualmente de ella. Si el pastor no tiene una relación profunda con los líderes de la iglesia, puede llegar a verse atrapado en una situación ilógica, irrazonable, sin sentido. La siguiente historia ilustra este caso.

Kevin, que pastoreaba una congregación de aproximadamente cien personas, comenzó a darse cuenta de que su líder de adoración, un joven de casi treinta años, se tomaba muchas libertades durante la adoración. Solía obligar a las personas a combinar varios gestos durante su alabanza y adoración, como danzar y marchar por el templo. Kevin se preocupó, porque creía que tales expresiones debían ser resultado de la dirección del Espíritu Santo, y no una respuesta a la coerción de un líder.

Kevin observó, además, diversas señales de control y manipulación del líder de adoración hacia varios miembros de la congregación. Un domingo, el líder había desafiado públicamente la autoridad y la capacidad de liderazgo de Kevin. Para complicar las cosas, la pequeña iglesia estaba creciendo, y ese líder era el único que podía dirigir la alabanza y la adoración. Kevin no podía cantar dos notas seguidas entonadas, y lo sabía.

¿Qué podría hacer? El líder de adoración estaba cada vez más ingobernable. ¿Tendría Kevin el valor de sacarlo de su puesto a pesar de las consecuencias? Para hacerlo, realmente tendría que creer en la soberanía de Dios. No importa lo que pareciera inicialmente, la iglesia sería más sana si se quitara a ese líder del medio. Así, la iglesia podría crecer correctamente.

Relaciones estratégicas

Un espíritu de Jezabel se relaciona, estratégicamente, con otros del Cuerpo de Cristo que se mueven en el ámbito espiritual. Esto lo hace, generalmente, con el fin de engañarlos. El espíritu de Jezabel sabe que las personas espirituales son estimadas. Por tanto, el espíritu de Jezabel recibe parte de esa estima por medio de su estratégica relación con esa persona. El espíritu monta su campaña para ganar apoyo popular y pastoral en su búsqueda de mayor influencia.

Los apóstoles Pablo y Silas iban hacia una reunión de oración, cuando una mujer con este espíritu se les acercó. Simplemente, con caminar junto a ellos, la mujer insinuaba que también iba a la reunión de oración, y esperaba así ganarse la aceptación de Pablo y Silas y de quienes los observaban. También comenzó a proclamar que ellos eran siervos de Dios (ver Hechos 16:16). Simuló ser una intercesora y trataba de ganar terreno en la ciudad. Al discernir sus motivos, Pablo terminó por librar a la mujer de ese espíritu de adivinación. El plan demoníaco era adquirir una mayor influencia en la región por medio de relaciones estratégicas.

Cómo desmantelar un muro de oración

Robert era el pastor de una iglesia carismática que crecía. Una mujer que tenía una "fuerte" unción profética comenzó a asistir a su iglesia.

Unos meses después, esta mujer llegó a ser líder de varios grupos de oración en toda la iglesia. Lamentablemente, comenzó a usar estos grupos como foros para promover sus propios planes. Sutilmente comenzó a inyectar sus críticas venenosas sobre Robert. Cuando él descubrió lo que ella decía, la confrontó. Pero, para entonces, ella contaba con una amplia base de apoyo, después de pasar horas hablando por teléfono con miembros de la iglesia.

Esta mujer chantajeó a Robert con la amenaza de destruir la iglesia a menos que él accediera a sus exigencias. Sostenía que él era un mal líder y que, por ello, se había visto forzada "por el Señor" a actuar de la manera que lo hacía. Cuando se reunió con ella, Robert se sintió especialmente confuso y terminó por estar de acuerdo con ella.

Ocho años después, cuando se produjo una situación similar, Robert reconoció lo que le había sucedido. Pero, para entonces, era demasiado tarde. Su iglesia, que había declinado, ahora solo contaba con un puñado de miembros.

Dado que la táctica de desmantelar el muro de oración es muy exitosa, uno de los objetivos de alguien que tiene un espíritu de Jezabel es infiltrarse en varios grupos de intercesión. Una persona que tiene este espíritu trata de controlar el contenido y la dirección de la oración. Cuando la persona toma el control, es solo cuestión de tiempo antes que se convierta en líder del grupo. Los espíritus de Jezabel causan, generalmente, estas cosas por medio de esfuerzos premeditados; muchas veces la persona no sabe cómo funciona su poder. Ya sea que actúe con o sin conocimiento de la persona, la fuerza que la mueve es un espíritu demoníaco.

Cuando la persona planea la toma del poder, no es extraño que el actual líder de oración tenga problemas de salud repentinos o prolongados. Es posible que sufra de confusión y falta de dirección. Finalmente, el líder renuncia y, justo a tiempo, la persona con el espíritu de Jezabel ocupa su lugar y comienza a falsificar el verdadero liderazgo de oración. Este repentino cambio de roles se logra de tal manera que parece natural.

Finalmente, la falsa humildad y la timidez fingidas desaparecen, y la persona comienza a declarar abiertamente que conoce lo que Dios piensa y cómo todos deben orar. Cuando esto sucede, no es extraño ver que la energía que se dedica a la oración aumenta. Las personas inocentes y sin gran discernimiento se sienten tentadas a pensar que las cosas mejoran, pero poco después esa energía se disipa. Recuerde: la energía derivada de pasiones del alma siempre tiene una vida muy corta. Solo lo que nace del Espíritu de Dios es mantenido por el Espíritu de Dios y lleva fruto que permanece.

Si no se actúa pronto para corregirla, esta toma de poder produce el final inevitable del grupo de intercesión. Uno por uno, sus integrantes quedarán sin deseos de orar ni gracia para hacerlo. El grupo comenzará a fluctuar. Así, los vigías de la casa de Dios serán dispersados, y la iglesia quedará desprotegida. Se habrá producido un "golpe de estado" demoníaco. Pocos notarán el viento helado que ahora sopla en la iglesia.

Falsos sueños y visiones

Cuando hablare amigablemente, no le creas; porque siete abominaciones hay en su corazón (Proverbios 26:25).

Las tácticas que tienen como fin frustrar el reino de Dios son de fácil aplicación para alguien que está bajo la influencia de un espíritu de Jezabel. Esa persona busca reconocimiento al tratar de manipular las situaciones para su provecho propio. De lo más profundo de su alma conjurará una cantidad inusual de sueños y visiones. También es posible que "tome prestados" sueños y revelaciones que Dios ha dado a otros, y los presente como propios. También es posible que aumente y "embellezca" sus propios sueños para hacerlos parecer más espectaculares e impresionantes.

La Biblia nos ofrece una excelente perspectiva del punto de vista de Dios sobre este asunto.

Por tanto, he aquí que yo estoy contra los profetas, dice Jehová, que hurtan mis palabras cada uno de su más cercano. [...]. He aquí, dice Jehová, yo estoy contra los que profetizan sueños mentirosos, y los cuentan, y hacen errar a mi pueblo con sus mentiras y con sus lisonjas (Jeremías 23:30-32).

Falsas cargas

Esa persona lleva falsas cargas del Señor, con la esperanza de parecer espiritual. Hasta puede llegar a creer que verdaderamente habla palabra del Señor, sin darse cuenta del engaño en que está. Una vez que gana acceso al pastor, no es extraño que lo inunde de "revelaciones" que supuestamente ha recibido del Señor. Cada situación será sutilmente manipulada de manera que eche una luz favorable sobre la persona con el espíritu de Jezabel, con lo que la atención estará puesta en ella y no en el Señor. A medida que las raíces de este espíritu se hacen más profundas en el alma de esta persona, todo fruto justo y redentor acabará por desaparecer.

Dependencia espiritual

El primer domingo que esta mujer visitó su iglesia, Brian la observó. Vio con qué soltura saludaba a la gente. Secretamente, el pastor Brian esperaba que ella demostrara las cualidades de liderazgo que tanto necesitaban, debido al reciente crecimiento de la iglesia. Brian y su esposa, Linda, invitaron a la mujer a cenar para conocerla mejor. Esa noche, Brian no descubrió tanto como esperaba, pero la mujer parecía segura y capaz de escuchar de Dios. Les contó cómo Dios la había llevado a esa iglesia. Brian esperaba que esta fuera una señal de un próximo mover del Espíritu Santo, justo aquello por lo que había orado.

En los cultos de la iglesia la mujer comenzó a dar palabras proféticas con aparente humildad. Su hablar era suave y lleno de gracia, mezclado con lágrimas, de manera que realmente parecía que sus "profecías" provenían de Dios. Pero a medida que comenzó a hablar cada vez más, y daba palabra domingo tras domingo, Brian comenzó a sentirse incómodo. También estaba preocupado porque la mujer atraía a miembros inseguros, necesitados y espiritualmente inmaduros. Cuando el esposo de la mujer finalmente llegó a la iglesia, Brian se sintió algo aliviado. Parecía que el hombre siempre estaba en algún viaje de negocios.

Todo pareció ir bien, hasta que, cuatro meses más tarde, Brian comenzó a notar que varios líderes habían dejado de asistir a algunas reuniones y cultos, lo que era muy inusual. Poco después, escuchó un rumor de que esta pareja había iniciado una iglesia. Para empeorar las cosas, la mujer había telefoneado a miembros de la congregación para alentarlos a que se fueran de esa iglesia. Brian estaba herido y molesto, pero ¿qué podía hacer? ¿Debía tratar el asunto públicamente? ¿Debía ir a hablar con la pareja en privado, según el procedimiento que indica Mateo 18?

Aparentemente más espiritual

Cuando una persona con un espíritu de Jezabel es puesta en un puesto de liderazgo, trata de crear la impresión de que anda en un plano espiritual más elevado que la mayoría. Los demás quizá se sientan menos espirituales o intimidados cuando están con esta persona. Esto crea una dependencia emocional en los demás. Al sentirse inferiores espiritualmente, buscan guía espiritual en Jezabel. Además, si alguien cuestiona la espiritualidad de Jezabel, es posible que sea perseguido.

Los nuevos creyentes son especialmente propensos a ser víctimas de la sutil pero efectiva intimidación que ejerce esta persona. Algunos quizá quieran apartarse de ella, pero los que deciden permanecer con ella preferirán, generalmente, acceder a las demandas de Jezabel antes que ser rechazados. Una vez que se unen a este espíritu, a los creyentes débiles o que se dejan intimidar fácilmente les resultará muy difícil escapar de sus garras.

Falsa humildad

La integridad de los rectos los encaminará; pero destruirá a los pecadores la perversidad de ellos (Proverbios 11:3).

Cuando una persona con espíritu de Jezabel recibe reconocimiento, inicialmente reacciona con falsa humildad. Esto sirve para engañar aún más a los que la rodean y convencerlos de que la persona es verdaderamente espiritual. Pero esta humildad engañosa dura poco. En realidad, se trata de una máscara que oculta un orgullo y una presunción profundamente arraigados.

Una vez que esta falsa humildad es descartada, la persona comienza a ofrecer, orgullosamente, muchas promesas "proféticas". Jezabel predecirá un gran reino que espera al pastor. Pero cuando estas predicciones hechas con el alma y no con el espíritu no se materializan, la fe del pastor se debilita, ya que la esperanza que se tarda enferma al corazón. Una oscura nube de depresión puede llegar a cubrir por completo al pastor, que ahora debe luchar contra el impulso de abandonar su congregación.

Para este entonces, la persona que tiene el espíritu de Jezabel se ha arraigado en la iglesia. Echarla de la congregación o recortar su autoridad produciría un éxodo de miembros. Aunque el pastor sepa qué hacer, es posible que ya no cuente con las fuerzas necesarias para combatirla. Si el pastor intenta enfrentar la situación, se arriesga a parecer un tonto, ya que fue él mismo el que puso a Jezabel en su posición de liderazgo.

Chantaje emocional

Jezabel suele desacreditar al pastor, amenazando con irse porque él no es tan espiritual como alguna vez lo fue. También es posible que afirme que ella hace lo hace porque su "único interés" es el bienestar de la congregación.

En este momento se produce un chantaje emocional. Dado que el espíritu de Jezabel ahora tiene la clave del equilibrio emocional de la iglesia, esa persona puede tener al pastor como "rehén". Este se convierte, entonces, en un cautivo que obedece las indicaciones de un espíritu demoníaco. Cuando esto sucede, el pastor puede sentir un repentino "llamado de Dios" a dejar la iglesia para pastorear otra congregación en un lugar distante. Pero el problema no desaparecerá hasta que el pastor reconozca y admita que tiene un espíritu de Acab que ha tolerado un espíritu de Jezabel.

Mientras tanto, un destino similar espera al pastor de la otra congregación. Mientras estas áreas permanezcan sin ser sanadas en la vida del pastor, Satanás continuará explotándolo por medio de una persona que está bajo la influencia de un espíritu de Jezabel. La realidad es que la severa misericordia de Dios permite que este atormentador ataque continuamente a un pastor hasta que este reconoce que es débil como Acab, se arrepiente y es sanado.

CaPíTuLo 6

Trucos mortales

En un episodio de *"Viaje a las estrellas"*, un líder extraterrestre, Anan 7, toma cautivo al capitán Kirk. El extraterrestre se comunica con la nave Enterprise y habla con la voz del capitán Kirk y ordena que bajen los escudos de la nave, y que todos los que están a bordo sean trasladados al planeta. Al llegar, el extraterrestre intenta matarlos a todos. Scotty está al mando de la nave. Cuando escucha la orden, se da cuenta que algo anda mal. Ordena a la computadora analizar la voz, y esta le confirma que se trata de una réplica y no es la voz verdadera del capitán Kirk.

Como Anan 7, un espíritu de Jezabel quizá hable con una voz profética que parece familiar, pero resulta ser una falsificación. Así como Scotty conocía la voz de su capitán, los creyentes deben discernir la voz de su Comandante, el Señor de los Ejércitos, de la del enemigo.

Es difícil señalar cómo los poderes de las tinieblas engañan y falsifican la voz o la presencia de Dios. Los espíritus demoníacos parecen espirituales. Hasta es posible que utilicen la Biblia para lograr sus metas. Pero un oído que tiene discernimiento detectará tanto su motivación como su verdadero origen.

Al principio, quizá la persona comience por decir algo correcto de forma incorrecta. Quizá crea que Dios la ha elegido específicamente cuando, en realidad, sus grandiosas ideas muy posiblemente surjan de un vacío en su vida. Con el tiempo, comenzará a creer que su relación con Dios es más espiritual que la que otros tienen con el Señor.

Pablo amonestó a Timoteo:

> *Procura con diligencia presentarte a Dios aprobado, como obrero que no tiene de qué avergonzarse, que usa bien la palabra de verdad. Mas evita profanas y vanas palabrerías, porque conducirán más y más a la impiedad. Y su palabra carcomerá como gangrena; de los cuales son Himeneo y Fileto, que se desviaron de la verdad, diciendo que la resurrección ya se efectuó, y trastornan la fe de algunos* (2 Timoteo 2:15-18).

En este pasaje Pablo advierte a Timoteo sobre las *"profanas y vanas palabrerías"*, porque se extienden como el cáncer. Aunque Pablo habla de las personas que transmiten herejías, el mismo principio se aplica a los que están bajo la influencia de un espíritu de Jezabel. Como los que promueven la herejía, los que tienen un espíritu de Jezabel siembran falsedad, división, contiendas y discordia "en el nombre del Señor".

Para combatir esta corrupción y esta división, debemos ser como Timoteo, y usar bien la palabra de verdad. La palabra griega que se traduce como "usa" en este pasaje es *orthotomeo*, que literalmente significa "disecar correctamente". Por tanto, con el don del discernimiento, podemos "disecar" correctamente los motivos ocultos de alguien que está bajo la influencia de un espíritu de Jezabel.

Posturas defensivas

Cuando se la confronta con lo que hemos mencionado, la persona que está bajo la influencia de un espíritu de Jezabel responde, generalmente, diciendo algo así como "Solo trato de ayudar", o "Solo sigo a Dios" o "Dios me dijo que lo hiciera". Lamentablemente, esta respuesta proviene más de lo que la persona *imagina* que es voluntad de Dios, que de otra cosa. Tal respuesta es una trampa, ya que implica que Dios es el que ordenó la acción, con lo que se termina todo el debate. No debemos permitir que esta lógica final silencie la denuncia. La batalla no se libra en el ámbito de la razón, no opone lógica contra lógica. Se libra en el ámbito del Espíritu, que discierne entre el alma y el espíritu.

Lo trágico es que muchos pastores no poseen la agudeza necesaria para vencer los persuasivos argumentos de alguien que tiene un espíritu de Jezabel. Muchos pastores están demasiado ocupados y distraídos con todas las actividades que sus congregaciones les demandan. Muchas veces el pastor tiene poco tiempo para pasar en el estudio de la Palabra y la oración. Los pastores están "de turno" veinticuatro horas por día, los siete días de la semana. Como pastor, he sentido las enormes demandas y presiones que estos siervos de Dios soportan. Eddie y Alice Smith describen de manera precisa esta situación en su libro *Intercessors and Pastors: The Emerging Partnership of Watchmen and Gatekeepers* (*Intercesores y pastores: la naciente colaboración entre vigías y guardianes de las puertas*). Debido a las limitaciones familiares y temporales, muchos pastores no pueden discernir si alguien aplica correctamente la Biblia o hay un espíritu de error que inspira un mal uso o distorsión de la Palabra.

Irrazonable e inflexible

La persona que se considera espiritualmente superior, suele creer que Dios ha puesto un cerco de protección a su alrededor, que la aísla de cualquier espíritu engañador. Lamentablemente, puede llegar a creer que es inmune al pecado y al engaño debido a su madurez espiritual.

Creen que han sido altamente favorecidas y elegidas para algún puesto o posición espiritual extremadamente elevado; estas personas llegan a la conclusión de que tienen una secreta fuerza divina. Por ello, su apoyo emocional proviene de su experiencia subjetiva, más que de Dios y su Palabra escrita.

Finalmente, estas personas se vuelven inflexibles e irrazonables. Con el tiempo llegan a considerarse a sí mismas infalibles. Como tales, no escuchan a los demás porque no han recibido una revelación directa de Dios, y creen que razonar con ellos o preguntarles algo es una muestra de terrible carnalidad y pecado. Estas personas suelen exigir obediencia ciega de todos.

Cuando enseño sobre este tema, siempre me sorprende la cantidad de gente que admite haber seguido a alguien que tenía esta clase de espíritu. Me cuentan cómo este líder les revela, místicamente, el supuesto plan de acción de Dios. Les dice qué hacer, cuándo ayunar, cuándo abstenerse de sexo con su cónyuge, etc. Algunos hasta son obligados a orar durante largas horas y ofrendar grandes sumas de dinero para probar su lealtad.

Atractivo para los demás

Hay camino que al hombre le parece derecho; pero su fin es camino de muerte (Proverbios 14:12).

A pesar de que parece que tiene revelación sobre los temas relativos a una iglesia, la persona que tiene un espíritu de Jezabel no la anuncia primero al pastor, como indica la Biblia. En cambio, comunica esta información sobre la iglesia con otros, con lo que construye una base de apoyo y poder. Esto, obviamente, no es bíblico. El patrón que surge de la Biblia es que el profeta no se dirigía primero al pueblo, sino al rey. Porque era el rey el que tenía la responsabilidad dada por Dios de dirigirse al pueblo y guiarlo. El profeta siempre iba directamente a ver al rey, no al pueblo, y Dios abría la puerta de acceso a ese ámbito.

Un espíritu de rebelión motiva a esta persona a llevar sus conocimientos sobre asuntos de la iglesia directamente a otros miembros. Quizá la revelación provenga de una palabra de sabiduría o de conocimiento genuina. Pero cuando se traspasan los límites, la revelación se mezcla con cosas del alma –la mente, las emociones y la voluntad– y se corrompe.

Los pastores deben prestar atención a las zorras pequeñas que echan a perder los viñedos de su iglesia. Esto lleva tiempo, algo que pocos pastores tienen en abundancia. Pero si no se trata este asunto de la anarquía, la levadura continuará elevándose hasta que toda la masa –la iglesia– esté leudada.

Las personas que dan lugar a un espíritu de Jezabel no perciben el valor de orar por la revelación, en lugar de pronunciarla. Engañadas por motivos ocultos, apelan directamente a los demás. Al hacerlo, su ámbito de influencia aumenta y los misterios espirituales que proclaman son admirados. Por lo tanto, la persona recibe honor y adulación de los demás.

> *¿Cómo podéis vosotros creer, pues recibís gloria los unos de los otros, y no buscáis la gloria que viene del Dios único?* (Juan 5:44).

Dado que alega tener revelaciones místicas, la persona que tiene un espíritu de Jezabel rara vez dirá que las cosas andan bien en una iglesia. Desea que los demás dependan de su palabra, por lo que debe probar que su madurez espiritual es aún mayor que la del pastor. Por lo tanto, los seguidores de Jezabel mantendrán sus ojos fijos en su nuevo líder, y Jezabel exigirá tener la última palabra en todo asunto de la iglesia.

La persona que está bajo la influencia de un espíritu de Jezabel, generalmente, está al tanto del último libro, del último mensaje o la última grabación de los líderes espirituales de la nación. Pero distorsiona y saca de contexto elementos de los mensajes para reafirmar sus propias enseñanzas. De esta manera, la palabra o enseñanza original es mal utilizada y hasta se la expone a las críticas de los que la escuchan repetida de manera equivocada.

Brian era pastor de una iglesia numerosa, que tenía una de las escuelas cristianas más grandes de su Estado. Una de sus líderes de intercesión, que era madre de dos adolescentes, había comenzado a decirles a varias madres de la escuela, que se habían casado con el hombre equivocado. Decía que, por el bienestar de esas mujeres y de sus hijos, debían divorciarse de sus esposos y que, cuando lo hicieran, dentro de un año aparecerían las "almas gemelas" que Dios había "designado" para ellas. Varios matrimonios sufrieron daños por problemas preexistentes a los que se agregó esta situación. La líder de intercesión había ganado un grupo de "seguidoras" y había convencido a todos de que ella tenía palabra de Dios.

Muchas veces la persona que tiene un espíritu de Jezabel busca con ansias ministrar proféticamente a otros, llevada por la necesidad de obtener su reconocimiento. Busca a personas a las que pueda proclamarles revelaciones; espera ganar su favor y lograr un grupo de seguidores. Las voces proféticas maduras, por el contrario, rara vez buscan a las personas, porque esto las agota terriblemente. Solo cuando Dios se lo indique una persona proféticamente madura dará un paso al frente para ministrar.

Lamentablemente, muchos de los que siguen a una persona con un espíritu de Jezabel son nuevos creyentes o no saben lo suficiente sobre los dones espirituales. Ella explota su ingenuidad y los llena de ilusiones de grandeza de lo que ocurrirá con ellos si se someten a Jezabel y la siguen. Con el tiempo, esos creyentes jóvenes o inmaduros sufrirán una enorme presión.

Una vez que le confirmen su lealtad, Jezabel cambiará de rostro.

Como el Dr. Jekyll y el señor Hyde, es posible que Jezabel le hable a alguien de un magnífico don espiritual que solo ella puede desarrollar. Pero cuando estos nuevos seguidores comiencen a expresar sus propias revelaciones espirituales, serán reprendidos, porque Jezabel siempre tiene que ser superior a ellos. Así se produce una gran confusión espiritual que reemplaza al genuino desarrollo espiritual. Esta estratagema tiene como fin que los seguidores dependan siempre de Jezabel, atrapados en una baja autoestima y adictos a las enseñanzas y los encantos de su líder.

Y muchos seguirán sus disoluciones, por causa de los cuales el camino de la verdad será blasfemado, y por avaricia harán mercadería de vosotros con palabras fingidas. Sobre los tales ya de largo tiempo la condenación no se tarda, y su perdición no se duerme (2 Pedro 2:2-3).

Lamentablemente, esta experiencia produce un ciclo tóxico que carcome la estima propia de una persona y deja a los creyentes nuevos con la duda de si Dios verdaderamente le habla a alguien, lo que incluye a pastores y profetas. Por consiguiente, el verdadero oficio profético que Dios desea restaurar queda sujeto a sospecha en los que fueron influenciados en su temprano andar espiritual por alguien que tenía un espíritu de Jezabel. Ya sea en el hogar o en la iglesia, un espíritu de Jezabel siempre daña la confianza en la autoridad de Dios.

Encuentros de oración privados

Cuando de orar por personas se trata, Jezabel prefiere los lugares privados. De esta manera, las insinuaciones maliciosas, las implicaciones y los elogios mal intencionados que pronuncie no podrán ser escuchados o contradichos por otros. Si se la confronta, la persona –generalmente– niega haber dicho nada, o insiste en que fue malentendida. Por consiguiente, es difícil atrapar a Jezabel hablando mal de un pastor, de un líder profético o de una iglesia.

También es muy común que la persona que tiene el espíritu de Jezabel aparezca en la casa de alguien sin avisar; dice que el Señor le dijo que fuera a orar por una necesidad en particular. Esta necesidad, generalmente, es algo elusivo y nebuloso. Ha habido casos en que Jezabel inventa un hecho futuro que debe ser evitado. Más tarde, cuando la calamidad inventada no se produce, Jezabel afirma que sus oraciones fueron contestadas.

Sin testigos, el pastor tiene pocas esperanzas de verificar realmente lo que se dice en estas reuniones privadas. Por lo tanto, Jezabel elude la evidencia que el pastor necesita para confrontar el asunto. Para determinar que Jezabel es culpable, el pastor necesitará dos o más testigos. Generalmente, si el pastor espera y sigue de cerca ciertos temas específicos, aparecerán testigos, y Dios dará respaldo a sus afirmaciones. Hasta entonces, un espíritu de confusión actuará como cortina de humo y cubrirá cualquier confrontación que quiera realizar el pastor. Jezabel saldrá de la confrontación ilesa, mientras el pastor queda confundido y avergonzado.

Jezabel busca otras personas a quienes enseñar

"¡Esta es la gota que rebasa el vaso!", pensó Steven, que había soportado las constantes exigencias de la mujer, que quería enseñar materiales de dudosa doctrina en la iglesia. Pero no podía probar que ese material fuera bíblicamente equivocado y, basado en su apariencia y comportamiento correctos, Steven le había permitido formar un grupo hogareño para personas que tenían relación con el don de profecía.

Pero ahora esta mujer había cruzado la línea al mezclar mitología griega con enseñanzas de la Nueva Era. Decía que un ángel de Dios le había dado "el martillo de oro de Tor" para martillar y forjar los asuntos del Reino. Steven se preguntaba cómo podía decir que un ángel le había dado tal cosa. ¿Por qué, por qué le había permitido continuar enseñando en los círculos de la iglesia? ¿Por qué no la detuvo dos años antes, cuando por primera vez ella le pidió permiso para enseñar a los demás? Ahora esta mujer estaba en todas las áreas de la iglesia. Sacarla del liderazgo sería como tratar de quitar los tentáculos de un pulpo de encima de su presa. Sencillamente, no había suficientes manos como para quitarlos todos al mismo tiempo.

Por debajo de los suaves modos y el gentil comportamiento de esta mujer había una persona confundida que, lamentablemente, muchos consideraban la persona más espiritual de la iglesia. Algunos ancianos la consideraban, incluso, más dotada para el pastorado que el mismo pastor. Además, esparcía la mentira de que Steven solo trabajaba allí como pastor, por el dinero. Decía que Dios iba a quitar del medio a cualquier persona –aunque fuera el pastor– que se opusiera a ella. Hacía poco tiempo había ido a ver a Steven en privado para pedirle que renunciara. ¿Cómo podría Steven quitar todos los tentáculos de este espíritu de encima de la iglesia, sin dañar terriblemente a su congregación?

Jezabel tergiversa la Biblia y reformula doctrinas

Habrá entre vosotros falsos maestros, que introducirán encubiertamente herejías destructoras (2 Pedro 2:1).

Toleras que esa mujer Jezabel, que se dice profetisa, enseñe y seduzca a mis siervos (Apocalipsis 2:20).

Una persona que está bajo la influencia de un espíritu de Jezabel tratará de enseñar doctrina de la iglesia para lograr control sobre el Cuerpo. Pero su doctrina es incompleta, imprecisa y llena de huecos. Generalmente, toma la Biblia fuera de contexto y la aplica de manera errónea. Aunque la enseñanza comience de manera correcta, con el tiempo se deteriorará, porque no tiene raíces profundas. Gradualmente se produce una lenta transición: la Biblia comienza a ser ignorada y los elementos místicos toman un rol más prominente.

Muchas veces los discípulos de esta persona se confunden. Los que son ingenuos permanecerán fieles a ella. Al principio rechazan toda duda o pregunta; piensan que, sencillamente, no conocen lo suficiente de la Biblia. Otros se preguntan: "Esta persona parece ser sierva de Dios... ¿cómo puede su enseñanza no ser de Dios?"

Directa o indirectamente, un espíritu de Jezabel esparce, sutilmente, dudas sobre el pastor, los líderes de la iglesia y otras personas que se desenvuelven en el ámbito de la profecía, especialmente aquellos que no la apoyan.

Palabras imprudentes

He aquí, dice Jehová, yo estoy contra los que profetizan sueños mentirosos, y los cuentan, y hacen errar a mi pueblo con sus mentiras y con sus lisonjas, y yo no los envié ni les mandé; y ningún provecho hicieron a este pueblo, dice Jehová (Jeremías 23:32).

Alguien que tiene un espíritu de Jezabel tratará de ganar credibilidad si pronuncia palabras proféticas. Pero estas profecías son producto de su propia imaginación. A medida que el Espíritu de Dios comienza a apartarse de él y su reputación se desdibuja, tomará datos que conozca y los mezclará en profecías nacidas solo de su alma, con lo que le dirá a una persona lo que esta desea escuchar. El resultado será una extraña mezcla de medias verdades con un poderoso atractivo. Por ejemplo, cuando obtenga información de una fuente externa, Jezabel la anunciará al pastor como si fuera una palabra profética. Por consiguiente, cuando se cumpla, Jezabel parecerá una verdadera profetisa. Esta práctica es muy manipuladora y engañosa, y Dios la detesta.

De la misma manera, la persona que tiene un espíritu de Jezabel se aprovecha de la mala memoria del pastor. Dado que el pastor no recuerda claramente, palabra por palabra, lo que se dijo, Jezabel tergiversará o dará un "nuevo" significado a sus profecías anteriores. De esta manera, se asegurará que todas sus profecías sean totalmente exactas. Esta persona no desea ser controlada. Por lo tanto, será evasiva y abrasiva con la verdad, y desechará cualquier pedido de precisiones y responsabilidad. Rara vez admitirá haber cometido un error. Pero si lo hace, solo será una concesión momentánea para poder sobrevivir y continuar su lucha.

Por otra parte, los hombres y mujeres que tienen un llamado profético responden por las palabras que dicen y demuestran sumisión mutua a medida que maduran. Además, reconocen los errores que cometen, porque comprenden que un don profético madura con el tiempo.

Falsas profecías

Dar una falsa profecía no significa simplemente hablar palabras que no son ciertas. Puede significar que un espíritu falso, inmundo, de mentira, habla a través de una persona que da una palabra profética.

En lugar de revelación, el espíritu de Jezabel usa un espíritu de adivinación, que en griego se llama, literalmente "pitón". A semejanza de la mujer que tenía un espíritu de pitón en Hechos 16:16, la teología de Jezabel puede contener conceptos correctos. Pero el espíritu que obra a través de esa persona es un espíritu inmundo.

Generalmente se necesita gran discernimiento para descubrir qué espíritu es el que habla, si el Espíritu Santo o un espíritu inmundo. Un creyente inmaduro o ingenuo no podrá discernir la diferencia. Un profeta maduro puede discernir un espíritu de Jezabel y separar así lo impuro de lo santo (ver 1 Corintios 14:29; Ezequiel 44:23). Recuerde: la marca distintiva del Espíritu Santo es siempre pureza, verdad y amor sincero.

Ansiedad por impartir

Porque deseo veros, para comunicaros algún don espiritual, a fin de que seáis confirmados (Romanos 1:11).

Al espíritu de Jezabel le agrada falsificar la doctrina de la imposición de manos (ver Hebreos 6:1-2) e impartir su unción por medio de la imposición de manos. Pero el toque de Jezabel conlleva una maldición. Pregúntese: si no es el toque de Dios, ¿qué espíritu lo toca?

Cuando se imparte un espíritu de Jezabel, un espíritu oscuro es depositado en sus víctimas. Obviamente, no es deseable que una persona bajo la influencia de un espíritu de Jezabel ministre a los que pasan al frente para pedir oración. Aunque la persona no tenga conciencia de que Jezabel obra a través de ella, aun así puede transmitir ese espíritu demoníaco a otros.

Lo que ella puede provocar es un resultado que puede parecer de sanidad, a medida que el demonio de aflicción pasa de órgano en órgano. También es posible que quiera impartir un nivel de unción espiritual "más elevado", sostener que su unción "elevada" puede romper los muros o las cadenas que han retenido a una persona o a un pastor. Hasta es posible que diga que Dios le indicó que hiciera tal cosa.

Estas personas son presuntuosas al creer que tienen ese nivel de autoridad porque, básicamente, declaran que son más que su pastor.

¡Imagínese, tratar de impartir algo que usted tiene, a su pastor, para que sea más grande! Tal forma de pensar está tergiversada. Según la Biblia, siempre es el más grande el que bendice al menor (ver Hebreos 7:7). Finalmente, el motivo que tiene la persona diferencia la oración agradable a Dios de la oración manipuladora, carnal, que solo brota del alma. El motivo oculto tras esa oración es brindar mayor reconocimiento y elevar el nivel de Jezabel.

Orar por el pastor es algo necesario y que debe hacerse con frecuencia. De hecho, es esencial formar un escudo de oración alrededor de un pastor, para ganar las batallas del Reino. Una vez más recomiendo el libro *Intercessors and Pastors: The Emerging Partnership of Watchmen and Gatekeepers* (*Intercesores y pastores: la naciente colaboración entre vigías y guardianes de las puertas*), que ofrece sugerencias para la determinación de límites correctos entre intercesores y pastores.

Apariencia de religiosidad

Guardaos de hacer vuestra justicia delante de los hombres, para ser vistos de ellos; de otra manera no tendréis recompensa de vuestro Padre que está en los cielos (Mateo 6:1a).

Las personas que tienen un espíritu de Jezabel exhiben un espíritu religioso. Pueden parecer las personas más espirituales que uno haya conocido jamás; quizá muestren que tienen una profunda e íntima relación con el Espíritu Santo. Pero una inspección más detallada revelará que sus acciones están basadas en lo que ellas creen que los demás necesitan ver, para convencerlos de su espiritualidad. Quizá esta persona sea la primera en llorar o gemir como respuesta a una supuesta carga de Dios. Pero tal comportamiento será simplemente una treta, destinada a dar espiritualidad a la imagen de la persona ante los ojos de los demás.

Muchas veces esta persona dice a los demás que pasa muchas horas en oración o ayuno. O que ha entregado todo su dinero. Las obras "justas" de alguien que tiene un espíritu de Jezabel siempre son hechas para que todos los demás las vean. Estas acciones solo sirven para promocionar y ampliar su propio reino.

Como creen que son un "instrumento especial" de Dios, estas personas se aíslan de los demás y toman un camino separado; alimentan así su espíritu independiente. Un espíritu religioso las ciega para que no vean el engaño que han adoptado. Como una oleada, el engaño invade su mente, profundizado por la continua necesidad de estimulación sensual, aun sexual. Por tanto, algunas de estas personas comienzan a ver la comunión con Dios como algo sensual. En su ignorancia, es posible que comiencen a estar en comunión con espíritus malignos, y que quizá lleguen a decir que Dios ha entrado en su cuerpo como por medio de una unión sexual. En privado, les dirán a los demás que se han convertido en la "esposa" de Cristo. Hasta comenzarán a experimentar ondulaciones físicas de carácter sexual; piensan que se entregan al Espíritu Santo, como lo hizo María.

Experiencias dramatizadas

Es común que la persona que tiene un espíritu de Jezabel viva una extraña mezcla de cristianismo, Nueva Era y religiones orientales. Sus acciones y demostraciones religiosas tienen como fin transmitir muchas experiencias místicas e impresionar a los demás lo suficiente como para ser aceptada como lo desea en lo más profundo de su ser. Las acciones de Jezabel serán abiertamente exageradas. Su vocabulario y sus oraciones cobran un dramatismo innecesario. A medida que el espíritu madura, hasta es posible que la voz de la persona cambie al dar una palabra profética. Algunas veces se manifiesta una voz artificial, como si la inflexión de la voz fuera prueba de que Dios está con la persona. Esto es simplemente usarla como canal, ya que el espíritu –que no es el Espíritu Santo– utiliza las cuerdas vocales de la persona.

Aunque todo hombre o mujer de Dios tiene un sentido de destino y propósito, este divino propósito no debe confundirse con la falsa espiritualidad de un espíritu de Jezabel. Mientras los propósitos de Dios en nuestra vida nos llevan a la humildad, los de Satanás cultivan la autoexaltación. Muchas veces la intención del corazón es la línea divisoria inicial entre los dos.

Vida familiar desordenada

Muchas veces en la familia de alguien que está bajo la influencia de un espíritu de Jezabel reina la inestabilidad. Este espíritu fomenta actitudes y comportamientos negativos. Puede destruir familias. Las personas que tienen este espíritu pueden ser solteras o casadas. Si Jezabel está casada, su cónyuge es, espiritualmente, débil, miserable o no salvo. Es posible que él también opere bajo la influencia del mismo espíritu.

La Biblia dice que, antes de estar en cualquier tipo de liderazgo, nuestra familia debe estar en orden, nuestros hijos bien criados y nuestro cónyuge de común acuerdo con nosotros (ver 1 Timoteo 3:1-4). ¿Cómo puede alguien tener un espíritu profético para restaurar las familias (ver Malaquías 4:6) si su propia familia está destruida o dispersa? No puede impartirse lo que no se tiene. Además, una persona no tiene autoridad para impartir lo que no ha construido.

Muchas veces el esposo de una mujer que está bajo la influencia de un espíritu de Jezabel no puede funcionar como sacerdote de su casa, porque el espíritu de Jezabel destruye el sacerdocio de la familia, así como Jezabel destruyó a los sacerdotes de Jehová y castró a Acab. Su cónyuge, con frecuencia, se vuelve perezoso, flojo y reprimido. El esposo permite que su esposa lo domine y lo controle, pero secretamente la desprecia y la odia por hacerlo. A medida que ella se vuelve más agresiva, él se vuelve más recluido.

La intimidad sexual entre ellos queda relegada a un segundo plano después de las necesidades espirituales de ella, y él comienza, silenciosamente, a buscar otros medios de satisfacer sus necesidades. Por ira, es posible que caiga en coqueteos, pornografía, sexo cibernético, voyeurismo u otros medios para aliviar el dolor de esta relación y sentirse bien y en control.

Hay algunos matrimonios en que ambos cónyuges están bajo la influencia de un espíritu de Jezabel. Cuando esto sucede, se convierte en un equipo formidable cuando sus espíritus demoníacos trabajan al unísono. Pero, como la abeja reina, la mujer continúa teniendo el poder. El esposo, aunque parezca fuerte, es su esclavo. Su deber de parecer fuerte tiene como fin hacer que la situación de ella parezca aun mejor.

Si el esposo de Jezabel es creyente, este espíritu hace que el hombre abandone sus responsabilidades, dadas por Dios, como líder espiritual de su hogar. En algunos casos el esposo ofrece un cierto alimento espiritual. Hasta es posible que dirija los devocionales familiares. Estas acciones son permitidas por Jezabel para que los demás –o aun él mismo– no puedan reconocer su velado control. Pero, en realidad, es ella la que tiene la autoridad real en su hogar. Dado que conoce la enseñanza bíblica del orden divino para el matrimonio, es posible que decida no demostrar su poder abiertamente cuando están con amigos. Pero ese control se refuerza cuando está a solas con su esposo.

La persona que tiene un espíritu de Jezabel, generalmente mantiene el control sobre su esposo por medio del lecho matrimonial. Ella recompensa su obediencia con la gratificación sexual. Si su esposo se rebela, se niega a él.

Mirar a otros hombres

Esta mujer posiblemente diga que desea que su esposo asuma el liderazgo espiritual de su familia y que, si lo hiciera, ella se sometería a él. Pero, si en el alma del esposo ha quedado grabado el patrón que acabamos de explicar, nada cambiará.

Quizá ella coercione al pastor para que intervenga y actúe como cabeza de su hogar. Pero si no se somete a su esposo, tampoco se someterá al pastor ni a Dios. Es solo cuestión de tiempo hasta que el pastor también sienta el filo de sus dientes castradores.

La debilidad de su esposo puede hacer que la mujer se sienta atraída por pasar tiempo con otros hombres que demuestran ser líderes espirituales, y así llenar un vacío en su matrimonio. Finalmente, su esposo quedará tan desmoralizado que dejará de ir a la iglesia y preferirá quedarse en su casa mirando la televisión, haciendo deporte o involucrándose en otras actividades que sustituyan el afecto de su esposa. Después de todo, ¿cómo puede escuchar a un pastor que no es capaz de ver más allá de la máscara de falsa espiritualidad de su esposa?

Castrar a su esposo

Un espíritu de Jezabel influye sobre una mujer para que ella critique y desmerezca a su esposo al decirle que no es suficientemente espiritual ni valiente, o que no gana suficiente dinero, o que le impide ejercer el ministerio que Dios tiene para ella. Es posible que lo presione de manera sutil aunque manipuladora, simplemente suspirando y comentando qué agradable sería tener esto o aquello, aunque sabe que no cuentan con el dinero necesario para pagarlo. También es posible que deje implícito que, si él realmente la amara, trabajaría más para proveer para todas sus necesidades y deseos. Estas estratagemas de manipulación cargan una presión increíble sobre un hombre y aumentan su resentimiento. También es posible que lo provoquen a huir y caer en brazos de otra mujer que sea más sensible a sus necesidades.

En el orden de Dios, la autoridad sobre la esposa es el esposo, la autoridad sobre el esposo es Cristo y la autoridad sobre Cristo es

Dios el Padre (ver 1 Corintios 11:3). La mujer que tiene el espíritu de Jezabel habla sobre sumisión y autoridad a su esposo, pero tanto este como sus hijos saben que son meras palabras huecas; no es realidad.

Los hijos que crecen en un ambiente familiar donde el padre o la madre están bajo la influencia de un espíritu de Jezabel serán profundamente afectados de maneras que muchas personas no comprenden. Aunque no soy psicólogo ni especialista en temas infantiles, he notado, en cientos de encuentros, entrevistas y testimonios, que los siguientes resultados son los que generalmente se encuentran en estos casos.

Efectos sobre las hijas

Las hijas criadas por una madre dominante pueden llegar a manifestar un comportamiento masculino o abiertamente agresivo. Al volverse como su madre, reprimen su verdadera feminidad y la consideran como un detrimento. En algunos casos, la madre dominante ha sembrado en sus corazones semillas de rebelión, manipulación y control, por lo cual ellas –a su vez– comienzan a obrar bajo la influencia de un espíritu de Jezabel. Ciegas al verdadero origen de su dolor, algunas se harán seguidoras del movimiento feminista o de un movimiento que siga a alguna diosa femenina. Lamentablemente, aunque la joven anhele que un hombre llegue a su vida y llene el vacío dejado por su padre, puede resultarle difícil confiar en los hombres, así como en Dios Padre.

Efectos sobre los hijos

Cuando los padres y madres no cumplen con los roles que les corresponden en el matrimonio, sus hijos varones se sienten confundidos con relación a su masculinidad. Algunos quizá se vuelvan sexualmente agresivos y traten de dominar a las mujeres por la fuerza. Los jóvenes también pueden responder a la dominación de su madre y se convierten en tiranos que tratan de dominar a sus esposas e hijos. El sometimiento de una mujer por parte de un hombre suele ser motivado por el resentimiento del hombre contra una figura materna dominante.

Algunos jóvenes expresan su resentimiento hacia las mujeres y exageran en otro sentido: escapan de ellas. Quizá respondan a su necesidad insatisfecha de afecto y autoridad paternos, y se sienten atraídos hacia el mismo sexo, particularmente si ven como erótico el vacío masculino que hay en su vida.

Cuando Warren cumplió dieciocho años, tenía dones proféticos considerados extraordinarios por líderes de todo el país. Aunque era muy joven, había sido llevado al tercer cielo. Podía predecir con extraordinaria exactitud cuándo una persona iba a ser visitada por un ángel, o la fecha precisa en que algo iba a suceder, que luego sucedía tal como él lo había dicho. Pero Warren tenía una obsesión secreta. Aunque muchas mujeres lo consideraban atractivo, él se sentía profundamente atraído por los hombres.

Esta atracción había comenzado cuando Warren tenía nueve años. Su madre era pastora de una iglesia pentecostal. Su padre, que era frío y distante, se interesaba muy poco por la iglesia, por la familia o por Warren. Había un evangelista que visitaba la ciudad todos los años para tener reuniones en la iglesia de su madre. Warren observó que su madre se sentía muy atraída por ese hombre.

El evangelista, que reconoció las capacidades proféticas de Warren aun a esa temprana edad, le pidió permiso a su madre para que le permitiera al joven acompañarlo en sus viajes durante el verano, ya que quería entrenarlo. Ella quedó encantada con la proposición, y aceptó. Pero durante ese verano, Warren sufrió abusos sexuales de parte de ese hombre.

Cuando se lo contó a su madre, esta se negó a creerle. Warren siempre había sospechado que el hecho de que su madre no le creyera era consecuencia de que ella tenía una relación amorosa con ese evangelista. Mujer dominante y fuerte, no prestó atención al dolor de Warren y lo acusó de mentir. Warren, lamentablemente, nunca pudo recuperarse de este hecho ni de la ira de su madre contra él.

Dado que el padre de Warren era emocionalmente distante y no permitía que se acercaran a él, el evangelista comenzó a llenar el vacío de un rol masculino en la vida del niño. Aunque Warren trató de combatir sus tendencias homosexuales, siempre buscaba a un hombre que reemplazara a su padre. La ira que sentía contra su madre alimentaba aun más su atracción por los hombres.

A medida que el don de profecía de Warren comenzó a ser reconocido, el joven comenzó a relacionarse sexualmente de manera periódica con otros hombres, para luego pasar largos períodos de arrepentimiento y abstinencia. Cada vez que lo hacía, el Señor le devolvía la unción. Pero, finalmente, mientras ministraba en un país extranjero, Warren enfermó gravemente y ya no pudo recuperarse. Fue enviado a su casa y se le diagnosticó SIDA. Murió a los treinta y dos años.

CaPíTuLo 7

Descubramos las raíces

oré y sus seguidores planeaban lanzar una revuelta desde hacía tiempo. Era evidente que Moisés y Aarón estaban ancianos y débiles. Su liderazgo solo había producido nuevos vagabundeos por el desierto. Coré y sus compañeros levitas habían desafiado vez tras vez a Moisés y sus ridículas demandas. Si miramos a toda la gran congregación, Coré se sentía seguro de que Israel sería más fuerte bajo su liderato. Alguien como él debía levantarse para oponerse al anciano. Repentinamente, Coré escuchó una voz que clamaba. Era la voz de Moisés.

"¡Apártense de las tiendas de esos hombres inicuos!", gritaba Moisés a los que estaban cerca de Coré. "¡No toquen ninguna de sus cosas, o serán consumidos por su mismo pecado!"

Mientras el pueblo comenzaba a retroceder, Coré y su familia, así como sus seguidores y sus familias, salieron a las puertas de sus tiendas. ¿Qué tramaba Moisés esta vez?

Moisés miró a la congregación y comenzó a gritar: *"En esto conoceréis que Jehová me ha enviado para que hiciese todas estas cosas, y que no las hice de mi propia voluntad. Si como mueren todos los hombres murieren éstos, o si ellos al ser visitados siguen la suerte de todos los hombres, Jehová no me envió. Mas si Jehová hiciere algo nuevo, y la tierra abriere su boca y los tragare vivos al Seol, entonces conoceréis que estos hombres irritaron a Jehová"* (Números 16:28-30).

Tan pronto como Moisés terminó de hablar, Coré sintió un temblor bajo sus pies. De repente la tierra se partió en dos debajo de él. Él, su familia y todas sus pertenencias cayeron al pozo. Entonces la tierra se cerró encima de ellos. Aunque todo sucedió en unos pocos segundos, Coré debe de haber sentido el horror de saber que iba a morir y que había caído bajo el juicio de Dios. Los que estaban cerca de ellos huyeron, chocándose unos con otros, pues temían que el juicio de Dios cayera sobre ellos también. Sin advertencia previa, un extraño fuego cayó del cielo y consumió a los doscientos cincuenta seguidores de Coré.

Una raíz de rebelión

Coré pensaba que había juzgado correctamente el liderazgo de Moisés, y exaltó su voluntad por encima de la de Moisés. De la misma manera, Jezabel cree que su apreciación del liderazgo de un pastor es correcta, e intentará lanzar una revuelta. Dado que Dios pone a todas las autoridades en los lugares que ocupan, una revuelta contra la autoridad es rebelión –anarquía– contra Dios. (Diré más acerca del espíritu de anarquía en el capítulo 9).

Para los que están bajo la influencia de un espíritu de Jezabel, la rebelión está en el centro de su ser. Piensan que han escuchado palabra de Dios y exaltan su voluntad por encima de la de Dios o por encima de la autoridad que Dios ha puesto sobre ellos (ver Hebreos 13). Cuando nuestra voluntad sirve a nuestros deseos, estamos adorando nuestros propios intereses, no los de Dios. Básicamente, nos hemos convertido en nuestro propio ídolo.

Dios considera a la rebelión como hechicería, que es poder ganado con la ayuda de espíritus malignos (ver 1 Samuel 15:23). No importa si la persona sabe o no que son espíritus malignos los que influyen sobre ella.

En la Biblia se distingue a Jezabel como hechicera (ver 2 Reyes 9:22a). Así que no debería sorprendernos que un espíritu de Jezabel obre por medio de hechicería, aun en las primeras etapas del dominio del espíritu sobre la vida de una persona.

Imponerse sobre los demás

El espíritu de hechicería impone su voluntad, pues manipula a los demás. Viola el derecho de cada individuo, pasa por alto la capacidad de la persona de tomar decisiones por sí misma, y establece su propia y "superior" autoridad a expensas de su víctima. Es posible que implique una expresión de autoridad ilegítima que ha sido usurpada, o una expresión injusta de una autoridad legítima. Por ejemplo, un pastor puede utilizar su autoridad de manera injusta, puede manipular a los demás miembros del Cuerpo.

En el centro de tales acciones se encuentra una actitud de irreverencia: devaluar a una persona que fue hecha a la imagen de Dios. Este espíritu también muestra una total falta de respeto por el valor de la voluntad humana. Dios nos dio el don del libre albedrío, y ni siquiera Él mismo lo viola.

El hecho de que una persona manipule a los demás no la convierte en una hechicera, en alguien que ha hecho un pacto con Satanás. Tampoco significa que practique la magia, maleficios, encantamientos o que utilice pociones mágicas. Pero sí sugiere que la persona oculta sus verdaderas intenciones. Jezabel permite que otras personas se conviertan en peones de ajedrez que pueden ser sacrificados para lograr sus objetivos. Sus seguidores, simplemente, están convencidos de que Jezabel tiene razón y el pastor está equivocado. Inicialmente, la mayoría cree que, al imponer su voluntad, solo se esfuerzan por construir el Reino. No tienen conciencia de los problemas que padecen en sí mismos y que los ciegan para no ver lo que Dios hace. Los que practican la manipulación en sus hogares y en las relaciones personales, hacen lo mismo en la iglesia, a menos que el error sea corregido. Para que la iglesia pueda florecer, el control y la manipulación deben cesar.

Cosas hechas en secreto

En la Biblia suele utilizarse, para referirse a la hechicería, la palabra hebrea *anan*, que significa "cubrir" o "actuar de manera encubierta". Esto es exactamente lo que hace Jezabel.

Aunque quizá no practique la hechicería ni esté bajo la influencia de un espíritu de Jezabel maduro que tiene como fin destruir a una iglesia o a un pastor, la persona puede, de todos modos, tener un espíritu de hechicería. Puede ser cristiana, pero estar involucrada en hechicería sin siquiera saberlo. Este espíritu ha estado hibernando por largo tiempo en el cuerpo de Cristo y, lamentablemente, obra por medio de algunos de los vasos escogidos del Señor. Aun las personas con dones proféticos o de intercesión más maduros pueden obrar, periódicamente, bajo la influencia de este espíritu, si hay en ellas puertas que han quedado abiertas a causa de viejas heridas. Las cicatrices de estas heridas que no han sido sanadas podrían ser que la persona aún sienta que no la tienen en cuenta, no la valoran lo suficiente o la rechazan, o que evidencie amargura, críticas e ira.

Por ejemplo, Terry y Lisa participaron activamente en la iglesia durante sus catorce años de matrimonio. Terry tenía un gran trabajo en telecomunicaciones y Lisa disfrutaba de quedarse en casa con los niños. Terry era un buen hombre, solo que no tenía demasiada pasión por crecer espiritualmente. Para él, jugar al golf los domingos era más relajante que asistir a la iglesia.

Lisa había tratado de obedecer a Dios, pero siempre parecía que todo terminaba en malos entendidos, esperanzas destruidas y dolor. Entendían que cada iglesia a la que asistían tenía problemas serios. Parecía que ellos dos siempre estaban en el medio de la lucha.

Lisa se sentó a sollozar en la mesa de la cocina, sin poder comprender por qué les habían pedido que se fueran de la iglesia. Solo trataban de ayudar a la gente. Después de todo, ella no podía evitar "ver" lo que los demás no veían. El pastor era una gran persona, pero no le prestaba atención. Si lo hiciera... muchos la apoyaban. ¿Por qué no la apoyaba el pastor? La persona que supervisaba el ministerio profético estaba totalmente en su contra. Pero Luisa se las había arreglado para llegar a ser asistente del líder de intercesión y supervisaba siete de los catorce grupos de oración. Su sueño era dirigirlos a todos algún día.

Desde su niñez Lisa siempre había querido ser pastora. Si se diera la situación adecuada, podría guiar a la iglesia por medio de la intercesión. Podría convertir el ministerio de oración de la iglesia en el más importante de todo el Estado. Sería la clave del éxito del pastor. Con su estratégico conocimiento práctico y su autoridad, podrían tener la iglesia más grande de la ciudad. Podrían enviar misioneros a diferentes naciones y capacitar a cientos de profetas con el nuevo programa de entrenamiento que ella quería implementar. Era una pena que la hubieran detenido simplemente porque alguien estaba celoso de ella.

Mientras Lisa se escuchaba a sí misma, notó que en sus pensamientos había ira y amargura. "¿Por qué no?", se preguntó. Una vez más, le habían hecho daño. Ella sabía que Terry se limitaría a encoger los hombros y darle una respuesta mecánica: "Lo lamento". Últimamente ella se había preguntado si podrían continuar con su matrimonio. Algunas veces pensaba que se había casado con el hombre equivocado.

Lisa no lo sabe, pero ya ha subido el primer peldaño de orgullo y ambición de poder que la llevará por el camino de ser engañada aún más por un espíritu de Jezabel.

Una de las evidencias iniciales de que un espíritu de Jezabel influye sobre una persona es cómo esta maneja los desacuerdos con las figuras de autoridad. No está mal estar en desacuerdo con un líder; lo que puede ser inspirado por Jezabel es la forma en que se manejan esos desacuerdos. Debemos seguir las pautas adecuadas para resolver los conflictos que se presentan en la Biblia (ver Mateo 18). También debemos estudiar los ejemplos de Ester y Amán, David y Saúl.

Comportamiento egocéntrico

Como Lisa, un creyente que esté bajo la influencia de un espíritu de Jezabel quizá no desee destruir una iglesia. Pero las personas que han actuado con diversos grados de rebelión y hechicería han destruido muchas iglesias. Por ello, la hechicería puede obrar por medio de una persona que trata de tomar el control.

El control y la manipulación se fortalecen con cada acción que obtiene un resultado positivo. Llena de autocompasión y orgullo, el alma de la persona está en peligro de caer en un dominio más profundo por parte del espíritu demoníaco. Esta clase de hechicería puede ser practicada sin involucrarse en el ocultismo, aun por cristianos que profesan a Jesús como su Señor. Una persona que obra en un nivel más profundo de hechicería está decidida a imponer su voluntad sin importar cuál sea el costo moral. En el caso de Jezabel, su control y su manipulación terminaron en asesinato.

La hechicería no solo desagrada a Dios, sino que obstaculiza las relaciones en que la sinceridad es vital. Dado que la hechicería viola la voluntad de los demás y su capacidad de elegir, causa grandes daños a la relación entre esposo y esposa. También es destructiva en las relaciones entre padres e hijos y las relaciones con otros miembros de la familia. En situaciones donde surgen conflictos, las personas que obran según este espíritu se niegan a comunicarse sinceramente y, algunas veces, directamente se niegan a comunicarse. Además, emplean medios injustos o insidiosos para ganar ventajas y lograr sus metas; piensan que el fin justifica los medios.

Hoy Dios clama por devoción y justicia. Cuando Dios designa líderes, hace una afirmación profética de que desea que su Reino avance en la Tierra. Por tanto, todo avance viene a través de los líderes designados por Dios. Un espíritu de Jezabel trata de cortar el avance de Dios al usurpar la autoridad de pastores y líderes.

La convocatoria para tomar dominio y autoridad sobre la Tierra no es un llamado a una dominación opresiva. La dominación es, en realidad, un sustituto carnal al ejercicio piadoso de la autoridad ordenada por Dios.

Una raíz de amargura

Mirad bien, no sea que alguno deje de alcanzar la gracia de Dios; que brotando alguna raíz de amargura, os estorbe, y por ella muchos sean contaminados (Hebreos 12:15).

La rebelión, en todas sus formas, tiene varias raíces; una de ellas es la amargura. La amargura abre una puerta por la que un espíritu de Jezabel se desliza dentro del alma de una persona, sin ser detectada. Con frecuencia la amargura se afirma en nuestras vidas cuando sentimos que no nos tienen en cuenta para reconocernos u honrarnos. Se instala la autocompasión, y la persona, a sabiendas o no, comienza a buscar formas de recibir la atención necesaria para demostrar el don que cree tener.

La amargura reside en nuestra alma, porque es una fortaleza mental que está relacionada con el orgullo y el egoísmo. Puede estar dirigida hacia Dios o hacia cualquier persona a la que Dios dote de autoridad. Dado que la amargura –generalmente– es una reacción contra algo que se percibe como una injusticia o una autoridad injusta, hace que la persona reaccione contra toda autoridad, sea justa o no. La amargura lleva a la desesperación pero, dado que está relacionada con el orgullo, esta desesperación lleva a la persona a preparar planes para promocionar su don.

La amargura es verdaderamente pecaminosa. Daña profundamente a la persona y lleva a la anarquía. Como con cualquier otro pecado, la persona debe reconocer su amargura, arrepentirse de ella y ser sanada por la gracia de Dios.

Frutos amargos

Una raíz de amargura puede producir frutos variados. Puede dar a luz inmoralidad (ver Hebreos 12:14-16), una ira y un resentimiento que duren toda la vida, o una seguidilla de relaciones rotas. Además, la raíz de amargura es contagiosa. Un espíritu amargo infecta a muchos otros espíritus.

La cruz es el punto de inflexión para la raíz de amargura. Solo Jesús es el Gran Médico que puede librarnos del tormento demoníaco. Su unción puede hacernos volver de nuestros caminos de rebeldía. Así, un corazón amargo y rebelde puede transformarse en un corazón agradecido y obediente cuando es tocado por la gracia de Dios.

Después de tal liberación la persona debe decidir someterse a la autoridad dada por Dios. La sumisión es una decisión que toma la persona, más que algo que siente. La práctica continua de la sumisión produce mansedumbre. Recuerde: Jesús dijo que los mansos heredarán la tierra (ver Mateo 5:5).

Una raíz de esclavitud

Pues no habéis recibido el espíritu de esclavitud para estar otra vez en temor (Romanos 8:15a).

Una raíz de esclavitud produce temor y un espíritu de legalismo, depresión, servilismo, esclavitud y control. La persona que es esclavizada por un espíritu de Jezabel, ya sea como canal o víctima de aquel, no puede gustar la verdadera libertad.

La Biblia dice que donde está el Espíritu del Señor, hay libertad (ver 2 Corintios 3:17). La libertad trae aparejada responsabilidad y el dar cuenta de los propios actos. Sin embargo, quienes están bajo la influencia de un espíritu de Jezabel aceptan la responsabilidad, pero sin querer dar cuentas de sus actos. Creen que esto es esclavitud y lo evitan como a una plaga.

Muchas veces quienes tienen este espíritu no pueden sentir que son adoptados como hijos por Dios. Se sienten aislados y descuidados. Luchan por satisfacer sus propias necesidades mientras adoptan una mentalidad de víctima con la que se convencen de que la vida les "debe" algo. Aunque les haya sido dado un enorme don, exudan falta de gratitud, ya que creen que merecen lo que les ha sido dado. De hecho, siempre sienten como si debieran recibir más.

Una raíz de temor

Porque el temor que me espantaba me ha venido, y me ha acontecido lo que yo temía (Job 3:25).

El temor, que es falta de fe, abre la puerta para que un espíritu de Jezabel entre en la vida de una persona. La propensión al miedo puede comenzar en la niñez y continuar hasta que el alma de la persona toma el control. Un espíritu de temor –una fortaleza mental del alma– puede llegar a mentirle a una jovencita, susurrándole: "Yo te protegeré. Seré tu refugio del dominio de otras personas. Te daré control". El engaño de este espíritu sucede inconscientemente, porque pasa por alto el entendimiento cognoscitivo y va directamente a influir sobre las acciones de la persona. De esta manera el espíritu de temor hace que aprendamos a reaccionar con temor ante las situaciones.

Un espíritu de temor siempre cobra influencia durante nuestros momentos de mayor debilidad. Estos momentos –generalmente– siguen a un episodio de nuestra vida que ha dejado profundas cicatrices en nuestra psique. También puede surgir de los temores expresados por nuestros padres o por otras personas. Lamentablemente, muchos padres bien intencionados usan el temor para controlar a sus hijos, en lugar de desarrollar la capacidad del niño para tomar buenas decisiones.

Por el Espíritu de Dios, la raíz de temor puede ser quitada. Pero esto solo podrán lograrlo los que estén dispuestos a pagar el precio de la oración, la paciencia y el dominio propio. La persona debe desear perdonar a cualquier figura de autoridad que la haya herido o haya abusado de ella en algún sentido.

Fortalezas mentales

Las mentiras pronunciadas por espíritus engañadores son muy sutiles. Llegan como pensamientos "pronunciados al alma" por un espíritu maligno, astuto y hábil. Al principio, los pensamientos parecen lógicos y justos. Una vez que son aceptados, creídos y adoptados como propios, se afianzan profundamente en nuestra mente subconsciente. Se convierten en una forma de pensar, es decir, en una fortaleza mental. Nuestra mente consciente quizá no procese a sabiendas los pensamientos que entran en ella a partir de ese momento, a menos que recibamos revelación de Dios y podamos discernir que un espíritu demoníaco trata de controlar nuestros pensamientos.

La mayoría de las fortalezas se afianzan durante los años de la niñez. En general, quizá los padres no tuvieron el discernimiento suficiente como para anular estos ataques de guerra espiritual. Si los padres tuvieron el discernimiento necesario para descubrir el espíritu de mentira, posiblemente no conocían lo suficiente la Biblia como para enseñar a sus hijos cómo defenderse de esos ataques. Por lo tanto se han convertido en potenciales presas de los engaños de Satanás (ver 2 Timoteo 2:25-26).

Estar de acuerdo con un espíritu mentiroso es convertirse en prisionero de él. Tales espíritus no sinceros son carceleros muy exigentes. El mismo espíritu que trabaja a través de la persona y por ella, también obra en contra de ella, para evitar que escape. De una manera tergiversada, estos carceleros demoníacos tratan de convencer a la persona de que su celda es, en realidad, un vehículo que la llevará a la posición que tanto desea. Pero todo es ilusorio.

Cuando aceptamos las mentiras del enemigo, aceptamos, voluntariamente, rechazo, insignificancia e inseguridad. Comenzamos a dudar que tengamos un Padre celestial amoroso. Por consiguiente, una fortaleza de temor produce una ansiedad y una depresión sin límites (ver Proverbios 12:25).

Una vez que la persona reconoce estas fortalezas, puede hallar verdadera libertad. Quitar el espíritu de temor es cortar una de las raíces más grandes del espíritu de Jezabel. La libertad y la sanidad interior de heridas pasadas se logran al renunciar a la falsa confianza en una fuente maligna y recibir una confianza renovada en el Señor Jesús. Diremos más sobre esto en el capítulo 12.

Una raíz de orgullo

Un misterio: BABILONIA LA GRANDE, LA MADRE DE LAS RAMERAS Y DE LAS ABOMINACIONES DE LA TIERRA (Apocalipsis 17:5).

Porque dice en su corazón: Yo estoy sentada como reina, y no soy viuda, y no veré llanto (Apocalipsis 18:7).

El orgullo es la raíz más visible de un espíritu de Jezabel. El orgullo implica elevarse a uno mismo para gobernar por estatura o influencia. Un espíritu de orgullo es contrario al Espíritu Santo.

María, la madre de Jesús, es un buen ejemplo de la antítesis del orgullo. Cuando el ángel Gabriel le anunció que daría a luz al Salvador del mundo, ella reflexionó sobre el misterio de por qué el Señor había elegido a una humilde jovencita para tan grandioso

95

destino (ver Lucas 1:46-55). El espíritu de orgullo es, también, completamente ajeno al corazón de Ester, que humildemente rogó a quien estaba en autoridad por encima de ella, que oyera su petición. Debido a su mansedumbre, sus ruegos fueron escuchados y la nación fue salvada. Tampoco es típico del corazón de Débora este espíritu de orgullo. Como profetisa y jueza de Israel (ver Jueces 4:4-9), Débora no quiso presumir ni tomar equivocadamente un liderazgo que pertenecía a otro. Por el contrario, solo entró en liderazgo por la insistencia y la invitación del líder.

Una espera activa

Ana acababa de encender la última vela del templo. El frío del otoño se hacía sentir más temprano este año. Pero esa mañana el aire fresco se sentía particularmente refrescante, y sus oraciones parecían vivas y directas. Quizá era el ayuno que acababa de terminar. Pero pronto Ana sabría que iba a ver a la Luz de Israel y del mundo.

Años antes el Señor le había dicho, en una visión, que si oraba por la venida del Mesías, viviría para ver su llegada. Desde que su esposo había muerto, Ana se había dedicado a servir al Señor diariamente, de la mañana al atardecer, durante cincuenta y siete años. Algunas veces había sido difícil continuar, pero el Señor la había ayudado. La gente le traía provisiones. ¿Cómo no servir a Jehová Jireh? ¡Él verdaderamente provee!

Entonces vio a Simeón que se acercaba, cruzaba el patio para decir sus oraciones. Hoy llegaba más temprano que lo usual. Ana lo observó mientras él se arrodillaba y levantaba las manos al cielo. La intensa presencia del Espíritu Santo llenaba el templo. Ana rodeó el área del descanso cerca del altar y cayó de rodillas, sollozaba ¡La presencia de Dios era muy poderosa! Cuando se irguió y fue hacia el patio para orar por los demás que vendrían esa mañana, contuvo el aliento al pasar junto a una de las enormes columnas que sostenían el techo del templo.

Simeón hablaba con un joven de aspecto rústico y su hermosa y joven esposa; ambos estaban radiantes. Mientras tomaba al pequeño bebé de la pareja en sus brazos, las lágrimas caían por el rostro y la barba de Simeón. Cuando levantó el niño para bendecirlo, Ana supo en su espíritu que Simeón sostenía al Redentor de Israel. Mientras Simeón profetizaba sobre el niño, Ana fue guiada por el Espíritu Santo para ir por todo el templo y proclamar que la promesa de Dios se había cumplido. ¡El Mesías había llegado!

Durante casi sesenta años Ana sirvió en el templo con mansedumbre, contrición y fidelidad (ver Lucas 2:36-38). No había ningún deseo de reconocimiento en ella. Los demás la llamaban profetisa, pero ella no. Por eso, Dios la exaltó.

El desprecio de la mansedumbre

El orgullo jezabélico es la antítesis de la humildad. En la Biblia se nos muestra que Jezabel se glorificaba a sí misma y vivía lujosamente. Llena de presunción, decidió que "estaba sentada como reina" (ver Apocalipsis 18:7). Este arrogante espíritu desprecia el estado humilde de una viuda o de cualquier mujer. Este espíritu orgulloso considera que la mansedumbre y la humildad carecen de todo valor y son degradantes. Por lo tanto, este espíritu desprecia la subordinación ante toda autoridad, porque someterse a una autoridad requeriría un sacrificio demasiado grande para él.

Instintivamente esta soberbia Jezabel usa cualidades seductoras para engañar a otros y atraerlos a sus planes. Desesperada por lograr atención, desea que todos los hombres se enamoren de ella y la idolatren, lo que, a su tiempo, los lleva a la muerte.

Tentación sexual

Hace muchos años escuché boquiabierto lo que David me contaba que le había sucedido. Parecía tener una vida perfecta: una esposa hermosa y un trabajo que disfrutaba. Su iglesia crecía tanto que daba la impresión de que iba a reventar. David aparecía con frecuencia en los periódicos. Aparentemente todo iba bien, excepto su matrimonio. Hacía meses que él y su esposa no tenían relaciones íntimas. Su matrimonio sufría una gran tensión. Él siempre planeaba tomarse unos días libres de su trabajo.

David comenzó a mirar a otras mujeres. Después de verlas en la iglesia, se encontraba fantaseando con ellas. Una mujer, en particular, atraía su atención. David se alegró mucho cuando vio que esta mujer había pedido una cita con él. Pero al darse cuenta de que estaba más entusiasmado de lo que debería estar, decidió controlar sus emociones cuidadosamente.

El encuentro transcurrió sin problemas. La mujer parecía vivaz y ansiosa por servir. Confidencialmente, le dijo a David que su atractivo había sido un problema para ella en otras iglesias. Dos semanas después, regresó. Esta vez, tenía puesto un tapado largo hasta los pies. En un principio, esto no le llamó la atención a David, ya que estaba comenzando a hacer frío afuera. Después que la mujer entró en su oficina, David cerró la puerta, ya que el escritorio de su secretaria estaba junto a la entrada. Parada en medio de la oficina, la mujer comenzó a decirle a David cuán ungido era.

Le compartió una visión que había tenido, según ella, él predicaría ante reyes y presidentes, y le dijo que quería ayudarlo a llegar a eso. Le confió que Dios le había dado una revelación. Lo miró a los ojos y le dijo que sabía que él y su esposa no habían tenido relaciones íntimas desde hacía un tiempo. Ella conocía su soledad. Apeló a su orgullo, pues le dijo que él y otros grandes hombres de esta época eran como el rey David. El rol de ella era ayudar al rey de cualquier manera que pudiera. Así como con David y Salomón, una mujer sola no podía satisfacer las necesidades sexuales de un hombre con un llamado tan elevado.

Encantado por las palabras seductoras y la sensualidad de la mujer, David contuvo el aliento unos segundos. Entonces, con un osado movimiento, la mujer dejó caer su tapado de pieles, revelando su cuerpo totalmente desnudo. Con el corazón latiéndole alocadamente, David se sintió atrapado por una poderosa seducción. Salió de detrás de su escritorio y comenzó a acariciarla, hasta satisfacer ese profundo deseo que había estado tanto tiempo postergado.

Durante las noches sin dormir que siguieron a este episodio, David se vio acosado por oleadas de vergüenza y culpa. Quería huir, hacer retroceder el tiempo, borrar lo que había sucedido. Finalmente renunció a su ministerio. El edificio del templo, con capacidad para tres mil personas, fue vendido en un remate poco después.

Y he hallado más amarga que la muerte a la mujer cuyo corazón es lazos y redes, y sus manos ligaduras. El que agrada a Dios escapará de ella; mas el pecador quedará en ella preso (Eclesiastés 7:26).

El orgullo por nuestra unción puede ser la semilla de nuestra caída final. También puede llevar a una atracción fatal.

El engaño futuro

Hace casi dos mil quinientos años el profeta Zacarías describió un espíritu de orgullo que estaría oculto tras un engaño futuro, relacionado con las mujeres. Creo que vio una visión del espíritu de Jezabel que se levanta hoy en la tierra (ver Zacarías 5:5-11). Zacarías vio una canasta que estaba dividida en seis partes. El número seis es el número del hombre, una representación del esfuerzo carnal. Cuando se levantó la tapa de la canasta, Zacarías vio una mujer sentada adentro. Cuando la mujer trató de escapar, un ángel la obligó a entrar nuevamente en la canasta y colocó sobre la tapa un peso de plomo. Después, dos mujeres con alas como de cigüeña tomaron la canasta y la llevaron a la tierra de Sinar, o Babilonia, donde esta mujer sería sentada en un elevado pedestal. El Señor llamó a esta mujer, que era un espíritu dominante y orgulloso, "Maldad".

Hoy las mujeres que luchan por el poder, la posición y el gobierno, muchas veces abrazan, sin siquiera sospecharlo, un espíritu de anticristo. Este espíritu las insta, las empuja y las obliga a exigir posición y autoridad, de manera similar a lo que ha hecho el movimiento feminista en nuestra época. Así, estas mujeres caen en el engaño de Babilonia.

El espíritu de orgullo hace que a la persona le sea muy difícil arrepentirse. Debe, primero, darse cuenta de que la humildad delante de Dios no tiene precio. Debe renunciar a su postura a la defensiva contra la autoridad y a la usurpación de la autoridad de otros, especialmente la del hombre. Si se arrepiente del espíritu de orgullo, se librará de un gran y horrible engaño.

Arraigado en nuestro espíritu

Limpiémonos de toda contaminación de carne y de espíritu, perfeccionando la santidad en el temor de Dios (2 Corintios 7:1b).

Se nos dice que nos limpiemos desde la raíz –que reside en nuestra alma– así como en nuestro espíritu (ver 2 Corintios 7:1). Ignorar a nuestra alma –o carne– solo sirve para perpetuar su fruto. Nuestro espíritu se contaminará si nuestra alma lo domina.

Al anunciar al Cordero de Dios que quita el pecado del mundo, Juan el Bautista dijo: *"El hacha está puesta a la raíz de los árboles"* (Lucas 3:9). Por ello, para llevar fruto agradable a Dios, debemos matar algo más que nuestra naturaleza superficial. Debemos examinar los motivos de nuestros corazones y actuar de manera directa. Además, para poder arrepentirnos personal, colectiva y nacionalmente, primero deben ser cortadas las profundas raíces que hay en nuestra alma.

Mirémonos con sinceridad

Cuando un espíritu de Jezabel se entrelaza con un alma humana, deben discernirse las raíces del espíritu demoníaco. Este entendimiento proviene del Espíritu Santo, que hace ver a nuestro espíritu que no es Él el que domina nuestra vida. Y lo hace por medio de la convicción de pecado, no de la condenación.

Dios debe revelarnos el punto débil por medio del cual el espíritu demoníaco tiene acceso a la vida de una persona. Al cerrar esta puerta, la persona elimina la amenaza de que ese espíritu demoníaco retorne. Cualquier amenaza que quede flotando y trate de reabrir esa puerta también debe ser eliminada. Por lo tanto, debe mantenerse una continua vigilia espiritual hasta que se haya producido una sanidad completa (ver 2 Corintios 13:5).

Cuando está bajo gran estrés, una persona que aparentemente ha sido liberada de un espíritu de Jezabel quizá vuelva a caer temporariamente en antiguos patrones de manipulación y control. Aunque se haya arrepentido y haya sido liberada de este espíritu, sus áreas débiles o heridas quizá no hayan tenido tiempo suficiente para sanar, y quizá reaparezcan los viejos hábitos. Por esta razón, si los líderes no prestan atención, la persona puede convertirse nuevamente en un problema.

Comportamiento fuera de control

Si los problemas son resultado de un padre o una madre dominantes, es posible que la persona deba preguntarse con quién lucha por el control. Quizá aún esté atada a una madre dominante. Tal vez se haya casado con otra persona dominante con la que compite por el control. Con solo percibir una amenaza de perder el control, por ejemplo, por un miedo a la autoridad en general, es posible que reaccione de manera exagerada y desafíe a cualquier figura de autoridad para quitarle el control. Sea cual fuere el caso, la persona debe razonar de manera lógica para confiar en que los demás no la dominarán, ni la herirán ni la desmerecerán en el futuro.

Esta persona será extremadamente sensible a cualquier actitud acusadora, crítica o de juicio con relación a ella. Esto cerrará las puertas a cualquier tipo de ministerio de restauración. Para ministrarle liberación será necesario tener mucha compasión. Recuerde: el ministerio tiene éxito cuando Dios es el que lo inicia y cuando su sabiduría y su habilidad están presentes.

El cambio es un proceso

Una vez que la persona es liberada de este espíritu demoníaco, su espíritu debe ser sanado y fortalecido. Todo este proceso lleva tiempo. Debe dársele tiempo para que madure espiritualmente. Sería prematuro colocarla en una posición de liderazgo, que no debe confiársele hasta que la liberación, la sanidad y la restauración sean completas. Es necesario echar nuevos fundamentos en la vida de esta persona. Quizá esto sea difícil para el pastor, especialmente si es tímido, temeroso o está airado por lo que la persona ha hecho.

Es frecuente que la persona que ha estado bajo la influencia de un espíritu de Jezabel tenga un auténtico llamado profético de Dios. Este don, sencillamente, ha sido pervertido, distorsionado o mal utilizado. La redención, la sanidad y la madurez pueden ser un regalo maravilloso que destruirá la obra del maligno. Quizá es por eso que Satanás desea pervertir este don; para que no dañe su imperio.

Los pastores deben tener mucho cuidado si creen que van a curar esta herida fácilmente. Un mal manejo de la situación –otorgar gracia cuando se necesitaría una postura firme, o reaccionar ante la persona de manera exagerada– puede hacer que la herida se profundice y cause un daño irreparable a la persona. Si su don es reactivado demasiado rápidamente, es posible que sepulte a la persona bajo el peso de la adulación.

Confesar nuestros pecados a Dios

No importa cuál sea el espíritu que lo haya oprimido, el ser humano debe negarse a defenderse o justificar su comportamiento. Debe examinar su corazón, arrepentirse y apartarse del pecado. Debe confesar sus pecados al Señor, que promete perdonarlo y purificarlo (ver 1 Juan 1:9). El arrepentimiento es vital para el proceso de restauración (ver 2 Corintios 7:10). Dios no puede bendecirnos y sanarnos verdaderamente hasta que se produzca un arrepentimiento total (ver Isaías 59:20).

Cuando alguien le pida ayuda, el pastor debe tratar a la persona herida con compasión y misericordia. No olvidemos que es la bondad de Dios la que nos guía al arrepentimiento (ver Romanos 2:4). El escritor de Hebreos nos advierte que nos alentemos mutuamente cada día para no ser endurecidos por el engaño del pecado (ver Hebreos 3:12-13). Debemos evitar hacer cosas que hagan que la persona rechace el proceso de sanidad y, por tanto, se aparte de Dios (ver Mateo 18:7).

Los pastores, los líderes y los miembros de la iglesia deben tener cuidado de no tratar de manera hostil o arrogante a la persona que trata de ser sanada. Cualquier intento por controlar a una persona herida puede hacer que su rebelión se profundice aún más.

La restauración lleva tiempo. Aun a Jezabel Dios le dio tiempo para arrepentirse (ver Apocalipsis 2:21).

Un espíritu profético precursor

Hace siglos Dios envió a su mensajero, el profeta Elías, que confrontó a Jezabel y a sus falsos profetas, que llevaban al pueblo lejos de Dios. Ahora, en estos últimos días, Dios libera un mensaje profético por toda la Tierra. Levanta hombres, mujeres y niños que tendrán el poder y la unción del espíritu de Elías. Ellos confrontarán al espíritu de Jezabel (ver Malaquías 4:5-6).

Como precursor, el espíritu de Elías vendrá una vez más para preparar un pueblo para el Señor (ver Lucas 1:17b). Mientras nos preparamos para su venida, debemos poner el hacha a la raíz de nuestra naturaleza carnal (ver Mateo 3:10) y llevar fruto que sea digno del Señor.

CaPíTuLo 8

El punto
sin retorno

Kenneth, que pastoreaba una iglesia grande, de varios miles de miembros, experimentaba una inusual cantidad de problemas. Sus líderes estaban indecisos, la unidad entre los miembros de la iglesia flaqueaba y la iglesia tenía serios problemas económicos. Un espíritu de enfermedad había comenzado a atacar con gran fuerza a los intercesores y a sus familias. Era la primera vez que se producía un ataque tan intenso y constante contra la iglesia. Aun la esposa de Kenneth, que normalmente era muy sana, se enfermó.

En medio de estas calamidades, apareció la "salvación": una mujer que se ofreció para liderar las reuniones de oración diarias. Al principio Kenneth la consideró una respuesta de Dios, a pesar de que dos líderes de intercesión lo advirtieron en contra de ella. Estos intercesores decían haber recibido sueños y palabras de conocimiento sobre esta mujer, que a Kenneth le resultaba muy difícil creer.

Entonces una miembro de la iglesia, guiada por el Espíritu Santo, pasó por la casa de la nueva líder de oración. Mientras se acercaba a la puerta, se sorprendió al escuchar extraños ruidos que provenían del interior. Preocupada, se asomó para mirar por la ventana del frente, y se horrorizó al ver a la mujer arrodillada en el suelo, recitando conjuros y clavando alfileres en unos muñecos vestidos como la esposa de Kenneth y otros líderes de la iglesia. Más tarde se descubrió que la mujer oraba por la muerte de la esposa de Kenneth, para poder casarse con él. Lamentablemente, ella pensaba, engañada, que hacía todo esto para el bien de la iglesia. Realmente creía que la esposa de Kenneth obstaculizaba el progreso de la iglesia.

Desarrollo progresivo

Si no se lo detiene, el espíritu de Jezabel hará que la persona se hunda cada vez más en el ocultismo. Este espíritu trata de destruir el hogar del pastor y la vida de la iglesia. Lamentablemente, este patrón de destrucción ha sido repetido miles de veces por la *"maestra en hechizos, que seduce..."* (Nahum 3:4).

No toda persona de su iglesia que está bajo la influencia de un espíritu de Jezabel realiza todas las actividades que se detallan en este libro. Lo más posible es que encontremos creyentes de nuestra iglesia que han sido engañados, en su inocencia, por estas fuerzas demoníacas. Dado que no comprenden la Palabra de Dios, no podrán discernir correctamente los espíritus que las mueven (ver 1 Juan 4:1; Romanos 1:22). Los pastores deben confrontar a estas personas, con amor pero con firmeza al mismo tiempo. Si no lo hacen, los que están bajo la influencia de este espíritu caerán en un mal mayor, sin mencionar el efecto residual que quedará en la iglesia durante años, como lo ilustra la siguiente historia.

Un espíritu residente

Glenn asistía a una iglesia espiritualmente vibrante. Tenía una capacidad inusual para ganarse la compasión de los demás.

Su esposa estaba enferma desde hacía años, y él mismo había combatido varias enfermedades, pero nunca se sabía si eran reales o psicosomáticas.

Glenn parecía concentrar sus quejas hacia los miembros más pudientes de la congregación. Por compasión, muchos le daban dinero. Dado que era un hombre muy querido, casi un abuelo para todos, muchos creían que no podía hacerle daño a nadie. Hasta los pastores y ancianos sentían compasión por él. Aunque reconocían que manipulaba a las personas, lo toleraban y lo trataban con una misericordia mal aplicada. Por consiguiente, un espíritu de autocompasión y seudo espiritualidad comenzaron a extenderse como un cáncer por el Cuerpo.

Esta iglesia carismática practicaba los dones del Espíritu Santo, pero se volvió impotente para hacer la obra del Reino. El espíritu de Jezabel que motivaba a Glenn había quedado residente en la iglesia. Además, este espíritu era considerado una forma de piedad. Con el tiempo, los pastores llegaban, trataban de combatir esta fuerza espiritual invisible y se iban. Aunque la iglesia había recibido muchas palabras proféticas, las promesas de Dios nunca llegaban a cumplirse bajo el peso de este espíritu oscuro. El espíritu de Jezabel se convirtió en parte del ADN de la iglesia.

Aunque Glenn fue, más tarde, confrontado por un pastor y como consecuencia de esto salió de la iglesia –con varias familias que lo siguieron– el espíritu demoníaco permaneció. El letargo espiritual permeaba el aire, y un manto de muerte cubría la atmósfera.

Aunque el espíritu de Jezabel prefiere quedarse sobre una persona, también puede infiltrarse y saturar la atmósfera de una congregación entera. Entonces deforma, tergiversa o incluso destruye las palabras proféticas de invitación a un llamado más elevado para ese cuerpo de creyentes. Por consiguiente, la falta de confrontación debido a una misericordia mal entendida puede influir en el ambiente espiritual de una iglesia, por más madura que esta sea.

No olvidemos que todo pecado no confrontado, en última instancia, madura y produce fruto que lleva a la muerte.

Quienes no son cristianos

Hoy muchos creyentes bien intencionados que están bajo la influencia de un espíritu de Jezabel, simplemente necesitan revelación con respecto de su error. Lo más posible es que este espíritu no haya madurado hasta la plenitud en sus vidas. Otras personas quizá tengan un espíritu de Jezabel maduro, como el que vemos en la Biblia. Generalmente estas personas no conocen al Señor. Se han integrado deliberadamente a una iglesia con el fin de destruirla por medio del ocultismo.

Como he mencionado antes, vemos un claro ejemplo de este plan diabólico en Hechos 16. Una jovencita esclava que estaba poseída por un espíritu de adivinación se encontró con Pablo y Silas, que iban hacia una reunión de oración. Atraída por su unción, la joven comenzó a seguirlos y anunciaba: *"Estos hombres son siervos del Dios Altísimo, quienes os anuncian el camino de salvación"* (Hechos 16:17).

La estrategia diabólica era la siguiente: al relacionarse con los apóstoles, la joven esclava parecería contar con la aprobación de Pablo y Silas. Así, cuando ellos continuaran con su viaje misionero, ella habría quedado en posición de tomar su lugar. Por lo tanto Satanás podría pervertir los dones y llamados que Pablo había conferido a la iglesia de Macedonia. Por medio del engaño, el enemigo podría volver los corazones de los creyentes hacia otro dios: Satanás.

El error de Balaam

Balaam, el adivino (ver Josué 13:22), también recurrió a lo oculto en busca de revelación y poder. En hebreo la palabra "adivino" es *quacam*, que significa "determinar por medio del rollo mágico".

Al usar la palabra "adivino", la Biblia sugiere que Balaam pervirtió su unción profética por medio de la práctica de las artes mágicas. Debemos comprender que en el comienzo Dios le habló a Balaam. Pero luego Balaam decidió seguir a las tinieblas, lo que lo llevó a su propia destrucción.

Balac, rey de Moab, envió mensajeros para pedir al profeta Balaam que maldijera a Israel, y le ofreció una jugosa recompensa. Pero Balaam tenía prohibido por Dios profetizar contra Israel. Como esperaba que Dios cambiara de idea, Balaam cuestionó a Dios. Demostró su voluntad obstinada por medio del desafío y la insubordinación, y se volvió cada vez más controlador. En esto actuó como Jezabel. Practicó la manipulación y el control hasta que pasó el punto de no retorno. Con su obcecada rebelión y su control manipulador, la vida de Balaam refleja la progresión del crecimiento de un espíritu de Jezabel.

Motivos ocultos

Hay una sutil distinción entre suplicar a Dios como intercesor y tratar de negarse a cumplir los mandatos de Dios como un manipulador. La motivación que mueve a la persona es lo que distingue a ambas posturas, ya que discierne el beneficio general del beneficio personal. Dado que Dios puede examinar nuestro corazón y discernir nuestra motivación, Él sabía que Balaam quería manipularlo para reclamar la recompensa. Por consiguiente, la motivación de Balaam era un deseo egoísta.

Como intercesor, Abraham rogó a Dios por la salvación de Sodoma y Gomorra (ver Génesis 18). Moisés, que según palabras del mismo Dios fue el hombre más manso que pisó esta Tierra, intercedió por los hijos de Israel. Le pidió a Dios que le quitara la vida a él antes que borrar de la Tierra a sus compatriotas (ver Éxodo 32:32). Dios escuchó el clamor de Abraham y el de Moisés, e intervino. La intervención, como tal, busca la restauración y el crecimiento de las cosas de Dios. Por el contrario, Jezabel desea deshacer y destruir las cosas de Dios.

Es posible que Dios decida negarnos algo que le pedimos en oración, por motivos que solo Él conoce. Cuando esto sucede, la forma en que respondemos a la negativa de Dios es lo que determina la diferencia.

Obstinación

Las respuestas equivocadas responden a una actitud de sutil cuestionamiento e intentos de convencer al Señor, que provienen de un corazón obstinado. Así como la rebelión es comparable a la hechicería, el Señor dice que la obstinación es como la idolatría (ver 1 Samuel 15:23). En hebreo, obstinación significa "presionar, empujar, urgir".

Un corazón obstinado se niega a ser persuadido por el que está en autoridad. La persona desconfía de la autoridad, la resiste y busca una manera de tergiversarla. Hace cualquier cosa por lograr lo que quiere.

La Biblia dice que Dios le siguió la corriente a Balaam en su obstinación (ver Números 22:20). Pero cuando Dios hace esto, debemos tener mucho cuidado, porque su juicio nos espera.

Distinciones

El hecho de que un niño cuestione, se obstine e insista en hacer las cosas a su manera, no significa que tenga un espíritu de Jezabel. Pero sí indica que está desarrollando una voluntad obstinada que deberá ser corregida. Lo mismo sucede con el cristiano que tiene una voluntad obstinada e insistente.

En última instancia, esta persona deberá rendirse y someterse al Señor, así como a las autoridades espirituales que están por sobre ella.

Discernir motivaciones

Cuando se discierne la motivación de usurpar una autoridad, el pastor debe confrontar a la persona. Debe interrogarla personalmente y discernir sus motivos. Esto significa que la persona deberá examinar su propio corazón. Además, esta confrontación debe hacerse con gran mansedumbre (ver Gálatas 6:1), deberá tratar de que la persona no se ponga a la defensiva.

Sin embargo, pastor, esté preparado. Una persona que tiene un espíritu de Jezabel intentará convencerlo de que es inocente y negará cualquier hecho errado u obstinación que se le atribuya. Insistirá en que sus revelaciones y sus métodos son correctos. Además, esta insistencia, con frecuencia, esconde un espíritu controlador y dominante.

Dar por motivos impuros

Cuando sus cuestionamientos no lograron su objetivo, Balaam recurrió a otra técnica. Ofreció un sacrificio a Dios con la esperanza de que Dios cediera y le otorgara su pedido (ver Números 23:1-3). Pero su sacrificio era solo un intento de manipular a Dios. De manera semejante, las personas carnales pueden llegar a dar una ofrenda o hacer un sacrificio en busca del favor de Dios.

El hecho de que Balaam tratara de engañar a Dios nos sugiere que su corazón estaba endurecido y era insensible hacia Dios. Creía que podía engatusar a Dios. Había aplicado esa lógica con otros "dioses": espíritus malignos que le habían dado conocimiento por medios ocultistas. Ahora no podía distinguir a Jehová Dios de los demás dioses. Naturalmente, su intento falló.

Un destino similar espera a cualquier persona que tenga un espíritu de Jezabel. Sacrifica mucho, especialmente a los ojos de los demás. Danza, clama, levanta sus manos, ayuna y emprende diferentes campañas espirituales para mover la mano de Dios. Pero Dios no se dejará torcer el brazo por sus estratagemas espirituales.

Dios no se moverá a favor de ninguna persona cuyos motivos no sean puros.

Si alguien que tiene un espíritu de Jezabel hace esto con Dios, lo más posible es que también lo haga con el pastor. Como Balaam, se ofrecerá a sí mismo como carnada, engañará y tratará de venderse para lograr poder y apoyo. Esta persona debe ser confrontada cuando actúa de esa forma, y debe explicársele que es necesario que se arrepienta de sus acciones.

Mala intención

He aquí, por consejo de Balaam ellas fueron causa de que los hijos de Israel prevaricasen contra Jehová en lo tocante a Baalpeor, por lo que hubo mortandad en la congregación de Jehová (Números 31:16).

El siguiente plan de Balaam fue una manipulación que les costó muy caro a otras personas. La manipulación en sí misma ya es equivocada; pero cuando se asocia con la malicia, se vuelve maligna. Cuando se ven indicios de malicia es necesario que haya una confrontación. Según el diccionario, manipular es "manejar o controlar con malas artes o por medio del uso astuto de influencia, especialmente de manera injusta o fraudulenta". Implica habilidad e influencia. Generalmente se la utiliza de manera oculta o sutil, para lograr una ventaja.

Al prostituir su don profético por medio de la práctica de adivinar por dinero, Balaam manipuló a los hombres de Israel con la intención de hacer daño. Explotó su debilidad: colocó delante de ellos mujeres hermosas, que los hicieron caer en pecado sexual. Por lo tanto, los judíos olvidaron también su amor por Jehová Dios y cometieron adulterio espiritual. Balaam sabía que ellos iban a caer, y que Dios se vería obligado a juzgarlos por su pecado. De esta manera logró lo mismo que perseguía al exigir a Dios que maldijera a Israel. Así, Balaam ganaría su recompensa, e Israel sería maldito.

El corazón de Balaam estaba endurecido para con el Señor (ver Números 22:7, 24:1). Era indiferente, cruel y amargo. Lamentablemente, al final, Balaam ya no era conocido como profeta de Dios, sino como un adivino.

La manipulación contrista al Espíritu Santo

La mayoría de nosotros puede reconocer que es malo manipular con malicia a otras personas. Pero alguien que tiene un espíritu de Jezabel quizá justifique sus malignas acciones, y para ello invoque el supuesto bien que ellas producirán. El resultado no cambia las cosas: la persona que manipula a otras se engaña a sí misma, aunque diga que lo hace por el bien de los demás.

Lamentablemente, muchos creen que sus acciones están justificadas porque "en última instancia, son para el bien de la iglesia". Su lógica puede parecer espiritual, aun desprovista de egoísmo, según su propia y distorsionada manera de pensar. Pero no se engañe: la manipulación proviene de un espíritu equivocado. No refleja sumisión a la autoridad y el orden de Dios. Aunque la persona esté en el liderazgo, la manipulación, ejercida por cualquier persona contrista al Espíritu Santo.

Aunque no toda manipulación es maliciosa, siempre es equivocada, ya que implica preparar a las personas o las situaciones para lograr un resultado final deseado. Está motivada por un deseo de beneficiarse a sí mismo, aunque se piense que es para el bien de los demás. La manipulación pone nuestros pensamientos por encima de los de Dios. Cuando buscamos promover nuestras propias ideas en lugar de esperar que Dios actúe, revelamos que actuamos con orgullo, que es una forma de idolatría. Por lo tanto, debemos confrontar la manipulación en la iglesia y en las relaciones personales.

Manipulación velada

Rick había aceptado un puesto de pastor en una iglesia que era conocida por su compasión hacia los pobres. La iglesia tenía problemas, y pronto Rick se enteró por qué.

Descubrió que la persona que iniciaba la mayoría de los chismes estaba sentada justo a la entrada de su oficina. Su secretaria revelaba información personal sobre cualquier persona que se acercaba para pedir aconsejamiento, dar una ofrenda o que tenía algún tipo de problema. Tras una serie de advertencias que no fueron escuchadas, Rick tuvo que despedirla. Lo hizo siguiendo todos los procedimientos correctos, pero comenzó a escuchar rumores de cuán desalmado había sido. Aun sus ancianos, que inicialmente habían estado de acuerdo con él, ahora cuestionaban cada decisión que tomaba.

Pronto Rick descubrió un segundo problema. Su ex secretaria era amiga de la señora que limpiaba el templo y que hacía años que asistía a la iglesia. De vez en cuando esta mujer se presentaba con sueños extraños, que parecían proféticos. Cuando el Espíritu Santo ungía un culto de manera especial, esta mujer se regocijaba contándoles a todos que ella lo había soñado antes. Pero a Rick le resultaba difícil recordar todos esos sueños. Además, le costaba comprender cómo aplicaba un sueño a un hecho en particular. Para complicar las cosas, esta mujer tenía más de sesenta años, y usaba sus "profecías", junto con sus problemas de salud, para mover a los demás a la compasión, con lo cual recibía dinero que otras personas le daban de buena voluntad.

Con el tiempo esta mujer se convirtió en la verdadera "jefa" de la iglesia, porque había manipulado a todos los líderes con su seudo espiritualidad. Lo que ella decía se convertía en la palabra final. Además, esparcía más chismes que la ex secretaria de Rick. Solía decir, con fingida humildad, que no sabía por qué el Señor le daba todas esas revelaciones. Pero ninguna de sus profecías llegaba a cumplirse más que parcialmente, en el mejor de los casos.

El punto de inflexión se produjo cuando Rick la escuchó "profetizar" sobre algo que había descubierto mientras revisaba los papeles de su escritorio. Esa vez Rick había olvidado quitar algunos papeles de encima de su escritorio, como solía hacer. Cuando esta mujer dijo haber recibido una revelación de Dios, fue la gota que colmó el vaso. Rick le pagó un mes de preaviso y la despidió. Pero ella se comunicó con todos los miembros de la junta de la iglesia y los líderes para decirles que había sido despedida por ser amiga de la ex secretaria de Rick. Los acontecimientos dieron, entonces, un giro inesperado: la junta y los líderes insistieron en que Rick volviera a emplearla. Antes de un año Rick renunció, y tres años después, la iglesia había muerto.

Pensamientos distorsionados

Hoy muchos pastores han sentido los efectos de un espíritu de Jezabel maduro y con gran poder demoníaco. Algunos han sido maldecidos por medio de oraciones carnales de personas bien intencionadas, que supuestamente tenían como fin que se cumpliera "la voluntad de Dios". Las personas que están bajo la influencia de un espíritu de Jezabel tienen la conciencia cauterizada, y llaman bueno a lo malo y malo a lo bueno. Sus especulaciones son fútiles y sus corazones se han entenebrecido. La Biblia dice que no tienen excusa.

Profesando ser sabios, se hicieron necios... (Romanos 1:22).

Cuando una persona que está bajo la influencia de un espíritu de Jezabel llega a este punto de malicia, debe producirse la confrontación y la remoción. El tiempo del arrepentimiento ya ha pasado.

Violencia y agresión

Entonces ella escribió cartas en nombre de Acab, y las selló con su anillo, y las envió a los ancianos y a los principales que

moraban en la ciudad con Nabot. Y las cartas que escribió de-
cían así: Proclamad ayuno, y poned a Nabot delante del pueblo;
y poned a dos hombres perversos delante de él, que atestigüen
contra él y digan: Tú has blasfemado a Dios y al rey. Y enton-
ces sacadlo, y apedreadlo para que muera (1 Reyes 21:8-10).

En este relato Jezabel proclamó ayuno y buscó falsos testigos
para lograr sus objetivos. De la misma manera, alguien que se ha
entregado a un espíritu de Jezabel posiblemente utilice disciplinas
espirituales al tiempo que levanta acusaciones destinadas a apoyar
su propia causa. Esto puede tomar la forma de un ataque verbal o,
incluso, formas directas de hostilidad. Los ataques aumentan en in-
tensidad hacia la víctima a medida que los espíritus demoníacos
dan mayor poder a Jezabel y aumentan su influencia. Tales acciones demuestran una animosidad profundamente enraizada y odio
hacia los que no están de acuerdo con los deseos y la voluntad de
Jezabel.

Finalmente, el que está totalmente entregado al espíritu de Jezabel deshonra a la otra persona y trata de destruir su influencia.
Lo hace al hablar mal de la espiritualidad de su víctima y destruye
su influencia. Jezabel lo demostró cuando tomó la viña de Nabot.
La Biblia no solo nos muestra el alcance de su maldad, sino el de
su violencia y su agresión.

Una persona entregada a un espíritu de Jezabel quizá limite sus
acciones a un abuso verbal, emocional o mental. Quizá tenga una
explosión de ira y se convenza de que no ha obrado mal, quizá
piense que el fin todavía justifica los medios.

Furia asesina

El asesinato es una herramienta de maldad utilizada para sojuz-
gar la voluntad de otro. Jezabel armó un maligno plan para engañar a Nabot y luego matarlo –todo según las formas religiosas

correctas para la época– porque él se negaba a venderle su viña a Acab, que la codiciaba. Consiguió dos testigos falsos para acusar a Nabot de haber maldecido a Dios ante sus líderes y sus vecinos. Después obligó a los líderes de Israel a cumplir la ley y apedrearlo. Aunque era "religiosa", era culpable de asesinato.

Básicamente, el mayor acto de control de Jezabel fue el asesinato: ya fuera de Nabot o de los cientos de profetas de Jehová que hizo matar. Balaam también provocó la destrucción de muchas personas. Pero tanto Balaam como Jezabel fueron ejecutados por una figura soberana. Balaam fue muerto por orden de Moisés y Jezabel fue muerta por orden de Jehú.

Así debe suceder en la iglesia de Dios en la actualidad. El pastor no debe permitir que personas inocentes sean heridas o destruidas por la codicia de poder y control de otra persona. El que tiene un espíritu de Jezabel que obra con maldad, no puede ser tolerado. El liderato pastoral de la iglesia debe quitar esa influencia oscura de la congregación. Este principio es exactamente lo que Pablo ordenó a la iglesia de Corinto que hiciera cuando los amonestó a que echaran al joven que tenía relaciones sexuales con su madrastra (ver 1 Corintios 5).

Habilidad y práctica

El que tiene un espíritu de Jezabel es hábil para conseguir lo que desea. Puede usar tácticas de adulación, persuasión, seducción sexual, calumnia, mentira, acusación, intimidación, secreto, persecución, engaño, o generar dependencia emocional o espiritual en el otro. Estas personas son motivadas por la envidia, la rivalidad, el elitismo y la necesidad de promocionarse a sí mismas, dominar y monopolizar el tiempo y la atención de los demás. Además, difaman a cualquiera que se interponga en su camino.

Cuando no se lo controla, este espíritu hace que la persona vaya de un líder a otro para presentarle sus argumentos para lograr su aceptación. Como un niño rebelde que va del padre a la madre, la persona que tiene un espíritu de Jezabel busca a alguien con el que pueda ventilar sus quejas y que esté de acuerdo con ella. Busca influenciar a los demás para que satisfagan sus egoístas exigencias. Si una situación no se resuelve como ella lo desea, Jezabel calumnia, insinúa, critica, mancha la reputación de su oponente y planta dudas innecesarias en las mentes de los demás. También suele violar, astutamente, las instrucciones disciplinarias, trata de ganar compasión y apoyo de otros. Esta táctica parece aplacar su sensación de injusticia.

Celos

Un espíritu de celos juega un rol fundamental en la estimulación del espíritu de Jezabel. Los celos tratan de monopolizar la atención, la admiración o la energía de su objeto. Cuando se une con el control, la persona motivada por celos trata de eliminar toda competencia. Jezabel se siente amenazada por las personas que tienen dones proféticos, ya que las estratagemas encubiertas de Jezabel se descubren por medio de la revelación. Un intercesor profético cuya oración puede hacer tambalear la base de poder de un espíritu de Jezabel es, también, un enemigo formidable. Por eso, el espíritu de Jezabel desprecia la verdadera oración intercesora y los ministerios proféticos ungidos. La verdadera unción profética manifiesta una autoridad espiritual dada por Dios. Jezabel, que trata de controlar a los demás, se siente frustrada por la autoridad dada por Dios y amenazada por aquellos a quienes esa autoridad ha sido confiada.

Acusación

La acusación es otra herramienta que suele utilizar una persona que tiene un espíritu de Jezabel. Cuando este espíritu está plenamente desarrollado, los demonios ayudan a la persona a intimidar a los demás e inducirlos al temor. El poder de la acusación es satánico. Siembra temor en el corazón de la persona y hace que huya. Satanás es el acusador de los hermanos (ver Apocalipsis 12:10), así como padre de mentira. Un espíritu de acusación no tiene un razonamiento verdadero que lo apoye. Por lo tanto, no se puede razonar con él. Solo puede ser expulsado cuando el Espíritu Santo ilumina a los que están en el liderazgo sobre estos asuntos. Como sucedió con Coré, siempre hay algún "adorno" que oculta el verdadero problema: un espíritu de anarquía.

Los que siguen a un espíritu acusador, en realidad están de acuerdo con una doctrina de demonios. Por lo tanto, Dios los hará responsables, sea cual fuere la situación que tratan de corregir. Por eso es que el apóstol Santiago dice que cuando hay celos y contención también hay perturbación y toda obra perversa (ver Santiago 3:16).

Un espíritu acusador también trabaja como carne y uña con un espíritu de religiosidad. Juntos forman una fuerza temible e injusta que puede obrar en una iglesia para armar una base de apoyo para la causa de Satanás.

Los pastores y líderes que desean quitar el espíritu de Jezabel deben tener cuidado de no caer en un espíritu de acusación. Si un pastor o líder presenta un cargo contra Jezabel, este debe estar basado en la evidencia de los hechos, apoyada por testigos. Las acusaciones, por el contrario, están basadas en suposiciones; lo que uno cree que sucede. Las acusaciones son motivadas por el temor y solo producen negación y una contraacusación causada por un deseo de venganza contra el pastor, lo que hace que este pierda el favor de los líderes.

CaPíTuLo 9

El corazón del asunto

Según todas las apariencias, Brenda y Brad eran una pareja joven y exitosa. Vestían impecablemente, eran deportistas y cada uno tenía su BMW. Después de convertirse en cristianos, canalizaron su ambicioso deseo de éxito y se involucraron de lleno en la iglesia. Comenzaron a participar activamente en varios ministerios de la iglesia, organizaban cenas y reuniones de oración. Sus personalidades extrovertidas y ganadoras atraían a muchas personas. Parecía que habían nacido para el ministerio.

Brenda y Brad pronto llamaron la atención de Henry, el pastor principal de la iglesia. Su amistad con ellos creció. Pronto Brad se convirtió en copastor de Henry. Pero debajo de la aparente calma de la superficie, comenzaban a bullir los problemas. Por fuera, Brenda y Brad parecían el matrimonio perfecto. Brad era aplomado y fuerte, pero con el nuevo puesto que disfrutaba, Brenda cada vez parecía más intimidatoria. Podía llegar a ser emocionalmente abrumadora. Después de cuatro años de que Brad estuviera en el equipo pastoral, el pastor comenzó a notar que las opiniones de Brenda ahora tenían mayor importancia que lo que Brad deseaba.

Simplemente él cedía siempre ante la firme e inquebrantable voluntad de su esposa.

Así como había hecho con Brad, Brenda comenzó a ejercer su firme voluntad sobre Henry. Si no se le otorgaba un puesto por el que había hecho "campaña", Brenda se quejaba y ventilaba su decepción por haber sido "dejada de lado". Esta rebelión incontenible ahora se convertía en enojo y amargura. Aunque mantenía un rostro complaciente frente a Henry, comenzó a esparcir mentiras, diciendo que él odiaba profundamente a las mujeres. Aunque nunca se acercó a Henry para contarle lo que pensaba, este comenzó a escuchar rumores de lo que se decía a sus espaldas.

Varias veces Henry habló con Brad sobre estos rumores. Esta estrategia parecía tranquilizar a Brenda, pero la calma solo era momentánea. Periódicamente Brenda explotaba con ira en las reuniones del equipo pastoral. En esas ocasiones enfrentaba a Henry con palabras hostiles y degradantes. Pronto comenzó a reunirse en privado con las esposas de otros líderes, para provocar disensión. Como consecuencia de esto, renunciaron dos miembros del equipo pastoral.

Entre bambalinas, Brenda deseaba armar un "golpe de estado" para instituir a Brad como pastor principal. Creía que él podía ser mucho mejor pastor que Henry. Pero antes que esto pudiera suceder, la gente comenzó a dispersarse y huir. La mitad de la iglesia se fue. Entonces, justo cuando Brenda sentía que su ardid había sido descubierto y Henry se convenció de que ella era el verdadero problema, Brenda convenció a Brad de que renunciara. Pero Brad nunca se enteró de lo que su esposa había hecho.

Tiempo de gestación

Como vemos en esta historia, un espíritu de Jezabel madura con el tiempo. Este proceso de desarrollo implica que una persona comienza, gradualmente, a aceptar pensamientos demoníacos. Con el tiempo, estos pensamientos comienzan a parecerle justificados y la lleven a actuar de una forma que, según cree, es de Dios.

A medida que este espíritu madura, produce una abundancia de frutos espinosos, venenosos y mortíferos, que la mayoría de las veces se esconden tras una apariencia atractiva y espiritual. Los que desean alcanzar este fruto sufren las heridas causadas por sus espinas ocultas, que los hacen sangrar; y cuando lo comen se envenenan.

Voces falsas

El espíritu de Jezabel es un traicionero impostor que se infiltra en la iglesia. Falsifica el verdadero don profético y difama el funcionamiento correcto del ministerio profético. Otras oscuras falsificaciones del ministerio profético –parapsicólogos, clarividentes, quiromantes, los que practican adivinación y hechicería– han surgido en los últimos años para hablar sobre lo sobrenatural. Quizá lo sorprenda saber que el espíritu de Jezabel es aun más engañoso que ellos, simplemente porque es menos obvio al ojo entrenado.

Aunque la persona entregada a un espíritu de Jezabel quizá no practique la magia negra o los secretos profundos de Satanás, comparte con el ocultismo las mismas raíces clandestinas y demoníacas. De hecho, las personas controladas por un espíritu de Jezabel dan mayores frutos, porque sus acciones son más encubiertas y sus raíces se hunden mucho más profundamente antes de ser notadas.

Toda iglesia que adopte el ministerio profético tendrá que contender con el espíritu de Jezabel, porque este copia los dones proféticos y los llamados de Dios. Este espíritu llega para destruir el don profético. Por consiguiente, dado que obra subrepticiamente, sus actividades son profundamente traicioneras.

La persona entregada a este espíritu suele tratar de fortalecer y ampliar su base de poder atrayendo y controlando a otros, actuando como si fuera un imán espiritual. Pastores y líderes deben reconocer la obra de este espíritu sutil, porque trata de dividir los grupos y levantar contiendas, confusión y engaños en el cuerpo de Cristo.

Distinciones necesarias

Es necesario distinguir entre la persona que tiene un don profético inmaduro y alguien que tiene un espíritu de Jezabel. Los que son proféticamente inmaduros simplemente tratan de encontrar el lugar que les corresponde en el Cuerpo. Quizá les falte sabiduría y humildad, pero su intención no es destruir a la iglesia. Las personas demasiado ansiosas e inmaduras hacen cosas que parecen necias o poco sabias. Pero, así como no matamos a nuestros hijos por ser inmaduros, tampoco debemos "matar" a los que están en la infancia de lo profético. Los pastores y líderes deben tratar con paciencia a la persona que está en los albores de su don profético. Deben sobreponerse al cansancio de tener jóvenes profetas que deben ser capacitados.

En la medida que –en la sabiduría y el consejo del Señor– afinemos y pulamos las habilidades de los que tienen dones de profecía, el ministerio profético tendrá mayor valor y pureza. Finalmente, estas personas brindarán revelación y sabiduría al cuerpo de Cristo. Entonces veremos que todas las pequeñas diferencias de este período de gestación valen el tiempo y el esfuerzo que hemos puesto en ellas.

Durante este período de desarrollo, es especialmente importante no cortar ni abortar los dones de una persona joven en su ministerio profético, al acusarla de tener un espíritu de Jezabel. Los pastores y líderes deben aprender a discernir cómo dar corrección y cómo ayudar a desarrollar un don profético naciente sin herir ni matar el espíritu de la persona.

Algunas veces la diferencia entre una persona inmadura en lo profético y alguien que tiene un espíritu de Jezabel inmaduro es muy sutil. Para discernir la diferencia, es necesario ir al corazón del asunto. La persona que tiene un don profético joven comienza con un corazón que anhela servir a Dios.

Aunque el que está bajo la influencia de un espíritu de Jezabel quizá haya comenzado con el deseo de servir a Dios, en algún punto se desvió de ese camino para seguir el de su propia ambición. Hay varias áreas más en que la persona se desvía del camino, según veremos a continuación.

Ambición egoísta

Nada hagáis por contienda o por vanagloria; antes bien con humildad, estimando cada uno a los demás como superiores a él mismo (Filipenses 2:3).

Dado que ama el aplauso de los demás, la persona que tiene un espíritu de Jezabel suele buscar títulos o posiciones de liderazgo. Es elitista, por lo cual considera que una determinada posición es "más ungida" y deja de lado otra por ser "menos ungida", o porque no tiene voz en la iglesia o en los asuntos espirituales.

Esta persona trabaja activamente para promocionar sus dones y ampliar su esfera de influencia. Generalmente no consulta al Señor para saber dónde y cuándo ministrar. Simplemente se rinde ante la necesidad de mayor promoción. A medida que aumenta su éxito, corre para dar más palabras, aunque no sean dadas por Dios. Hasta es posible que crea que el reino de Dios crecerá en la medida que crezca su propia reputación. Pero esto es solo un triste engaño.

Por otra parte, las personas jóvenes en el ministerio profético quizá, al principio, se inclinen hacia donde reciben mayor atención. Pero a medida que maduran, la mayoría renunciará a toda fanfarria o publicidad. Se darán cuenta de que estar bajo las luces solo sirve para cegarlas al elevado llamado de Dios y que la fama, en realidad, les impide pasar tiempo a solas con el Señor.

La persona que es llamada al ministerio profético también debe desear rendir cuentas por sus palabras y acciones. Debe aceptar de buen grado que se le señalen sus errores y debilidades. Debe aprender a someterse a la autoridad espiritual. En el proceso de sumisión, aprendemos a morir a nuestro propio yo. Es un proceso terriblemente doloroso, pero todos debemos pagar el precio y crucificar nuestra alma, así como nuestros deseos carnales. La disposición para someter cada aspecto de nuestra vida y nuestro ministerio al Señor debe ser obvia en los que se disponen a guiar a su iglesia. Una de las características distintivas de alguien que tiene el corazón de Dios es la forma en que responde a la corrección. Jezabel se distancia cuando es corregida, pero la persona verdaderamente espiritual se arrepiente.

Ganancia personal

La persona que tiene un don profético atraviesa un costoso proceso de quebrantamiento (ver Nehemías 5:14-19), pero el que tiene un espíritu de Jezabel rara vez hace un sacrificio tal. En su mayor parte, Jezabel expresa un impulso persistente de "demostrar su revelación profética". Lo hace porque tiene motivos ocultos y busca alguna clase de recompensa: reconocimiento, fama, dinero, ropas o diferentes privilegios que le otorgan las personas que se dejan engañar fácilmente por su "revelación espiritual".

Rápidamente, la persona egoísta notará que su supuesto don de profecía puede abrirle muchas puertas. Por consiguiente cederá ante la tentación de usar su don mezclado con pronósticos humanos y opiniones personales. Estas personas pueden leer el alma de las personas y presentar este conocimiento del alma como una profecía inspirada por Dios.

Cuando esta revelación falsa es presentada, engaña a los que no están conectados con el Espíritu Santo. Una vez más, el espíritu de Jezabel trata de separar, mientras el ministerio profético sirve y alienta a los demás. Aunque la palabra profética sea dura, siempre deja al que la escucha con una sensación de esperanza, no de condenación.

Apetitos

Los apetitos sensuales generalmente son voraces en una persona que tiene un espíritu de Jezabel. El espíritu de concupiscencia carcome su alma hasta que llega a controlarla.

Estos apetitos no se refieren solamente al aspecto sexual. El dinero, el favor o el reconocimiento pueden alimentar su ambición y ofrecer los resultados deseados. Crece un insaciable hambre de placeres y autoindulgencia. Por el contrario, la obra de la cruz deja de manifestarse en la vida de esta persona.

Ataduras demoníacas

Cuando la persona llega a un nivel intermedio de atadura demoníaca, sus propósitos se vuelven cada vez más deliberados y astutos. Trata de controlar las acciones de amigos, familiares e iglesias. Cuando la falsa humildad, las mentiras y la adulación no producen la estima y el reconocimiento deseados, la persona recurre a la ira, la condenación, la acusación y la dominación. Cada vez se vuelve más problemática. En esta etapa ya tiene suficiente habilidad y puede racionalizar su brusco comportamiento con un lenguaje confusamente espiritual. Cualquier persona que trate de confrontarla sin haberse preparado bien, terminará alejándose confundida y dejará de lado la idea de que esa persona tenía tendencias jezabélicas... aunque su discernimiento inicial haya sido correcto.

Si la voluntad férrea de esta persona y su insubordinación no son solucionadas, acabará por rebelarse contra cualquier autoridad que no esté de acuerdo con ella. Además, aconsejará a otros que se rebelen contra la autoridad pastoral, y dirá que los que se oponen a ella son espiritualmente ciegos o incautos. Esta rebelión descontrolada abrirá las puertas para que otros espíritus malignos se infiltren en la persona, en sus seguidores o incluso en la iglesia toda. Por consiguiente, puede producirse un ataque verbal violento y repentino, que estará específicamente dirigido a las personas que no son leales ni sumisas a Jezabel. Mientras tanto, los miembros de la iglesia que son indiferentes o que miran con complacencia esta rebelión, acabarán por servir como peones en un ajedrez demoníaco de ganadores y perdedores. Lo trágico es que el resultado final será una división en la iglesia.

Espíritu de anarquía

El espíritu de anarquía es predominante en nuestra cultura actual. Utilizamos la palabra "anarquía" para referirnos a las personas que no se someten a la ley ni son controladas por la ley, especialmente la Palabra de Dios. Básicamente, toda rebelión contra Dios es anarquía (ver 1 Juan 3:4).

El espíritu de anarquía desata su ataque sobre el reino de Dios y lleva a las personas a rebelarse y oponerse a los líderes designados por Dios. Este espíritu inspira insinuaciones, rumores, mentiras, calumnias, manipulación y control para crear cismas o amenaza con crearlos. De esta manera, cuando desafiamos y calumniamos de forma encubierta a pastores y otros ministerios que son agradables a Dios, hemos violado las reglas establecidas por Dios para su Reino. Este tipo de pensamiento es rebelión o pecado.

Todo aquel que comete pecado, infringe también la ley; pues el pecado es infracción de la ley (1 Juan 3:4).

Nuestro omnisciente Dios tiene un conocimiento previo de la teología, los dones, la experiencia y la personalidad de cada pastor.

Con infinita sabiduría, Dios sabe exactamente cómo un pastor llevará a la práctica sus ideas y planes para una iglesia. Sus puntos
fuertes probablemente sean los primeros en evidenciarse, seguidos
de sus puntos débiles... pero ninguno de ellos sorprende a Dios. Así
que el pastor que hiere a las personas en sus relaciones, a sabiendas o no, puede continuar dirigiendo a la iglesia a pesar de su debilidad. Dios es paciente y observa cómo los pastores fieles
maduran en carácter y dones. Si su pastor lo ofende, ¿será que Dios
lo usa para revelar lo que usted tiene en su corazón?

El procedimiento correcto

Cuando hablamos en contra de los líderes establecidos por
Dios, sembramos la semilla de nuestra propia destrucción. Recuerde que la Biblia dice:

*Contra un anciano no admitas acusación sino con dos o tres
testigos* (1 Timoteo 5:19).

El pasaje de Mateo 18 nos presenta el procedimiento correcto
para seguir con cualquier miembro de la iglesia, incluso para con
todo pastor o líder que haya pecado o esté errado.

*Por tanto, si tu hermano peca contra ti, ve y repréndele estando
tú y él solos; si te oyere, has ganado a tu hermano. Mas si no te
oyere, toma aún contigo a uno o dos, para que en boca de dos o
tres testigos conste toda palabra. Si no los oyere a ellos, dilo a
la iglesia; y si no oyere a la iglesia, tenle por gentil y publicano*
(Mateo 18:15-17).

Aunque nuestro pastor sea irascible y controlador como Saúl,
debemos actuar como David. Debemos negarnos a aprovechar la
oportunidad de "matar" al líder ordenado por Dios (ver 1 Samuel

24). David esperó que Dios interviniera y solucionara el problema de Saúl. Que nunca se diga de nosotros, como se dijo de Absalón, que robamos el corazón de las personas para alejarlas de nuestro pastor (ver 2 Samuel 15:4-6).

Dejemos que Dios juzgue al pastor. Si nosotros lo juzgamos, Dios podrá decir, justificadamente: "Ya que los hombres han decidido actuar, yo me retiraré". Por tanto, Dios dejará que vivamos con los resultados de nuestras acciones. Además, al tomar el juicio en nuestras propias manos, daremos al ámbito demoníaco el derecho de juzgarnos, acosarnos, molestarnos y oponerse a nosotros, simplemente porque hemos actuado con presunción y nos hemos salido de nuestra cobertura. Por lo tanto, es mejor irse de una iglesia en silencio que hablar en contra del ungido de Dios.

Algunas personas creen, erróneamente, que porque sus dones continúan siendo usados, sus acciones cuentan con la aprobación de Dios. Recordemos lo que el Señor dijo:

> *No todo el que me dice: Señor, Señor, entrará en el reino de los cielos, sino el que hace la voluntad de mi Padre que está en los cielos. Muchos me dirán en aquel día: Señor, Señor, ¿no profetizamos en tu nombre, y en tu nombre echamos fuera demonios, y en tu nombre hicimos muchos milagros? Y entonces les declararé: Nunca os conocí; apartaos de mí, hacedores de maldad* (Mateo 7:21-23).

Algunos piensan que, porque echan demonios, sanan a los enfermos, resucitan a los muertos o profetizan cosas ciertas, cuentan con el sello de aprobación de Dios.

Quizá pensemos que estamos dentro de la voluntad de Dios cuando criticamos a nuestro pastor, pero Dios dice que eso es anarquía. Como dijo una vez Jesús: *"Este pueblo de labios me honra; mas su corazón está lejos de mí"* (Mateo 15:8). Un corazón dedicado y consagrado al Señor honra a la autoridad espiritual que

Dios ha establecido. Un corazón que rechaza esa autoridad permite que la anarquía influya en sus percepciones y decisiones.

Por favor, compréndame bien: no digo que no pueda cuestionarse a un líder espiritual que tiene autoridad sobre nosotros. Poder cuestionar es un paso importante en el proceso de madurez. Pero lo que hacemos después de tener un desacuerdo es fundamental. Si nuestra conversación se vuelve encubierta, oculta y maliciosa, entramos en anarquía. Nuestras acciones lo revelan, especialmente si nuestra intención es quitar al líder de su lugar por medio de nuestras acciones.

Los padres de la iglesia primitiva creían que solo había cuatro razones por las que podía removerse a un pastor: falla moral, mal manejo económico, enseñanza de herejía, ira o emociones descontroladas.

El misterio del engaño

Porque ya está en acción el misterio de la iniquidad; sólo que hay quien al presente lo detiene, hasta que él a su vez sea quitado de en medio (2 Tesalonicenses 2:7).

La palabra "misterio" es definida por el diccionario como "una verdad religiosa que puede conocerse solo por revelación". Por ello, el misterio de la iniquidad o anarquía, implica una situación de engaño. Cuando las personas participan de actos anárquicos, generalmente no saben que están en estado de rebelión. Son engañadas por una fortaleza mental de pensamiento que las autojustifica, y creen que le están haciendo un gran favor a Dios y a la iglesia. Así han elevado su pensamiento por encima del de quien Dios ha elegido como autoridad para ellas, y tratan de corregir a ese líder. Sus acciones demuestran que, en realidad, desprecian la autoridad.

El misterio de la anarquía ha funcionado y funciona aún con gran poder en nuestra cultura. Además, Satanás ha persuadido, astutamente, a muchos, de que adopten el concepto de relativismo que considera que las verdades éticas son definidas por individuos, grupos, circunstancias y situaciones. Hoy muchos creen que no hay absolutos universales. Cada persona define sus propias reglas. Muchos creen que lo que es correcto para una persona no es correcto para otra. Por ello, la palabra "tolerancia" se ha convertido en la clave para desarmar a cualquiera que crea en absolutos bíblicos.

Las personas que son engañadas por la anarquía quieren deshacerse de todos los límites y controles. No comprenden que al rechazar las leyes de Dios, somos llevados a un mayor libertinaje y a una mayor esclavitud del pecado. Cuando comenzamos a practicar la anarquía, hacerlo se vuelve cada vez más fácil. Por ello, la anarquía lleva a más anarquía.

Hablo como humano, por vuestra humana debilidad; que así como para iniquidad presentasteis vuestros miembros para servir a la inmundicia y a la iniquidad, así ahora para santificación presentad vuestros miembros para servir a la justicia (Romanos 6:19).

Históricamente he descubierto que muchos que tratan de sacar a un pastor en una iglesia repiten la misma acción en otra iglesia. Así desarrollan un historial de causar problemas en iglesias. También es cierto que las iglesias que se inician como consecuencia de una división acaban también por dividirse. En estas situaciones el espíritu de Jezabel florece.

En la Biblia el espíritu de iniquidad o anarquía está relacionado con el de lujuria o impureza. Juntos, estos espíritus corrompen el alma. Los que practican la anarquía andan según sus propios deseos impuros. Son llamados "sensuales" por Judas (versículo 19).

La anarquía culmina en falta de fruto y oraciones no contestadas. Nos hace pedir mal, para beneficio propio (ver Santiago 4:3). La anarquía hace que maldigamos a los hombres que Dios ha formado. Cuando lo hacemos, afirmamos implícitamente que Dios no sabía a quién estaba formando.

Con ella [la lengua] bendecimos al Dios y Padre, y con ella maldecimos a los hombres, que están hechos a la semejanza de Dios (Santiago 3:9).

A lo largo de toda la Biblia se nos exhorta a no vivir como este mundo, sino a buscar la paz con todos (ver Hebreos 12:14). También es clara la relación que debemos tener con las figuras de autoridad. Debemos tratarlas con respeto (ver Romanos 13:1-7). Cuando lo hagamos, Dios nos ungirá con el óleo de alegría y tendremos vida eterna (ver Salmos 133).

Dios nos da a cada uno la opción de convertirnos en vasos de honra o de deshonra; de ser usados poderosamente por Dios o ser echados fuera de su presencia (ver 2 Timoteo 2:20-21). Nuestra disposición para obedecer, aun en medio del desacuerdo, es clave para que podamos ser vasos de honra.

El que guarda el mandamiento no experimentará mal; y el corazón del sabio discierne el tiempo y el juicio. Porque para todo lo que quisieres hay tiempo y juicio; porque el mal del hombre es grande sobre él (Eclesiastés 8:5-6).

La manera correcta de responder a la autoridad

Dado que Dios ha colocado a los que están en autoridad sobre nosotros, debemos estar dispuestos a sujetarnos a ellos. También debemos gozarnos en que ellos velen por nuestras almas.

Obedeced a vuestros pastores, y sujetaos a ellos; porque ellos velan por vuestras almas, como quienes han de dar cuenta; para que lo hagan con alegría, y no quejándose, porque esto no os es provechoso (Hebreos 13:17).

Tener buena disposición para sujetarnos a los que están en autoridad no significa que no podamos pensar de manera diferente. Es posible experimentar una gran unidad en medio de una gran diversidad. Pero una vez que los líderes han definido un curso de acción, es necesario que apoyemos su decisión. Si usted cuestiona la dirección tomada por los líderes, busque otra iglesia que esté más de acuerdo con sus ideales y su llamado. Además, cuando haga ese cambio, hágalo con gracia y humildad, sin discordias ni contiendas. Si no lo hace, la Biblia dice que usted será infructuoso.

Como los repartimientos de las aguas, así está el corazón del rey en la mano de Jehová; a todo lo que quiere lo inclina (Proverbios 21:1).

Cuando examine su corazón, pregúntese: ¿Realmente creo que Dios puede cambiar el corazón de mi pastor? Si así es, ¿por qué no retrocede y ora? Servimos a un Dios fiel y justo, que puede producir cambios en el corazón de su pastor. Si Dios está de acuerdo con lo que usted cree sobre su iglesia y las cosas que son importantes para ella, es posible que usted vea cómo el pastor responde a la revelación divina de manera que afectará sus decisiones y acciones. Si Dios no produce los cambios que usted desea, quizá el problema sea usted y no su pastor. Entonces, la pregunta sería: "¿Qué trata Dios de cambiar en mí?"

Aceptar respuestas sinceras a estas preguntas es una forma de encontrar áreas de su vida en que Dios quizá quiera hacer cambios. En este proceso usted se beneficiará al comprenderse mejor a usted mismo, y también es posible que se acerque más a Dios, en la medida que lo busque para que influya sobre su pastor.

Algunos supuestos básicos

Antes de avanzar más, considere los siguientes supuestos como puntos de partida:

1. Dios es omnisciente. Su conocimiento es completo, y se extiende al pasado y al futuro.

2. Dios establece a toda autoridad en su lugar.

3. Dios permitió que se tomaran las decisiones que pusieron a su pastor en el lugar que ocupa en la iglesia, sabía exactamente lo que iba a hacer.

4. A Dios no lo sorprende lo que su pastor hace o no hace.

5. Dios es todopoderoso y puede hacer que su pastor detenga cualquier curso de acción que haya tomado, si así lo quiere. Podría visitar a su pastor y decirle que se detenga, si piensa que es importante hacerlo.

6. Si Dios no corrige a su pastor, quizá sea porque quiere utilizar la situación para actuar en su vida y en la de su pastor.

7. Si Dios obra en su vida y en la de su pastor, recuerde que son *"Bienaventurados los misericordiosos, porque ellos alcanzarán misericordia"* (Mateo 5:7). Cuando actúe de forma misericordiosa con su pastor, recibirá misericordia de Dios.

8. Desafiar la autoridad pastoral, a no ser por asuntos de fallas morales, malos manejos económicos, enseñanza de herejías, o ira o emociones descontroladas, es actuar presuntuosamente, como si usted fuera Dios. Las consecuencias de tal comportamiento pueden ser muy graves.

CaPíTuLo 10

Prepárese
para ministrar
a los heridos

n el breve período de dos años, Joel vio cómo su iglesia se reducía de trescientos a ciento veinte miembros. Durante ese tiempo observó a una mujer en particular que era la imagen de lo que todo pastor hubiera estado feliz de tener en su iglesia: alguien que parecía apoyarlo, humilde, sincera, una mujer de oración. Pero un sábado por la mañana sus ojos se abrieron a la dolorosa realidad. La mujer, que era divorciada, llegó a un retiro de matrimonios y trató de tomar por la fuerza el micrófono en una reunión. Joel no lograba entender qué podría haberle sucedido.

Unas semanas después sus reservas con respecto de esa mujer se confirmaron cuando abrió la correspondencia y encontró una carta de una amiga de ella. Escrita como si Dios la hubiera redactado, la amiga decía que la divorciada era la verdadera compañera espiritual de Joel y le insinuaba claramente que debía dejar a su esposa, que era "un obstáculo para él" en lo espiritual. Dado que la divorciada no había escrito la carta, Joel se sintió confundido y no supo exactamente cómo confrontar este ataque sobre su matrimonio.

Una mañana, después de una reunión de oración, Joel tomaba un café con un grupo pequeño de personas en el que se encontraba la mujer divorciada. Ella le ofreció una "palabra del Señor", pero él no la aceptó. Ante esto, la mujer se enojó de tal manera que, pocos segundos después, golpeó la mesa con el puño –con lo que derramó el café– y se fue.

Unas semanas después los integrantes de un ministerio profético asistieron a una conferencia que se realizaba en la iglesia de Joel. La profetisa le dio una palabra a Joel en la que le advertía sobre una supuesta "compañera espiritual" que trataba de levantarse en la iglesia. Sorprendido por la revelación, Joel habló en privado con ella sobre esta palabra profética. Al día siguiente la divorciada se puso de pie y caminó directamente hacia el frente, donde interrumpió, con voz calmada y firme, al orador. Revestida de falsa humildad, leyó una reprensión escrita que contenía muchas calumnias. Para este entonces el pastor había llegado al límite. Le dijo a la divorciada que su apreciación era equivocada y que quería verla en su oficina al día siguiente. Pero ella no apareció. Se fue de la iglesia, pero el daño ya estaba hecho. Un año después la iglesia estaba disuelta.

Evaluación personal

Confrontar a este espíritu no es tan fácil como puede parecer. Debido a sus muchos rostros, es difícil de diagnosticar. Puede parecer sumiso e inmerso en oración un momento, y osado y cruel al siguiente. Puede parecer, simplemente, preocupado por el bienestar de la iglesia. Como un pulpo que se ha aferrado a la iglesia, es una pesadilla tratar de arrancar sus tentáculos de cada área donde se ha asido.

Antes de confrontar a alguien que tiene un espíritu de Jezabel, el pastor debe evaluar, primero, su propia condición espiritual y personal. Existe el peligro de verse tentado a reaccionar a la defensiva y utilizar su poder de forma equivocada.

Si un pastor se siente intimidado por anteriores encuentros con un espíritu de Jezabel, las futuras confrontaciones pueden dejarlo amargado, resentido o airado. Si existen estos sentimientos, es señal de que el pastor no está en condiciones de tratar de manera efectiva el problema causado por este espíritu.

Antes de ir más allá, el pastor quizá deba buscar a alguien que tenga sabiduría, discernimiento y autoridad espiritual, a la vez que tenga "mentalidad de eunuco". Esto quizá implique que busque a un especialista en el ministerio de la liberación. Hay cada vez más ministerios que se especializan en problemas como estos.

Cualquier persona que vaya a enfrentarse con un espíritu de Jezabel que domina a una persona, debe hacer una pausa para evaluar su propia situación espiritual. ¿Siente usted celos, contienda, envidia o malicia hacia una figura de autoridad, pasada o presente, en su propia vida? ¿Abriga algún sentimiento oculto de rechazo, de haber sido dejado a un lado? Estos sentimientos pueden hacer que reaccione de manera exagerada a este espíritu. Si no se superan estas actitudes, no se puede enfrentar adecuadamente a un espíritu de insubordinación y rebelión en otra persona. Además, hay otros temas para tener en cuenta.

Frustración e ira

Hermanos, si alguno fuere sorprendido en alguna falta, vosotros que sois espirituales, restauradle con espíritu de mansedumbre, considerándote a ti mismo, no sea que tú también seas tentado (Gálatas 6:1).

Cuando no solucionamos un asunto inmediatamente, surgen la frustración y la ira. A nadie le gusta ser controlado por otra persona. Si un pastor ha sido herido por alguien que tenía un espíritu de Jezabel, es un candidato ideal para manejar mal una situación de ministerio. La Biblia nos advierte:

Porque la ira del hombre no obra la justicia de Dios (Santiago 1:20).

Dado que la persona que tiene un espíritu de Jezabel suele utilizar la crítica y la acusación, tal espíritu no puede ser expulsado por un pastor que reacciona de la misma manera. El pastor debe, primero, confrontar y solucionar su propio espíritu crítico y acusador.

Mal por mal

Cuando en la vida de un pastor son evidentes la manipulación y el control, este quedará indefenso frente a un espíritu de Jezabel. Si contrarresta la manipulación con manipulación, el pastor no camina en el fruto del Espíritu. Dios no honra nuestras acciones cuando devolvemos mal por mal.

Cuando nos vengamos de esa manera, nuestra ira tiene un impacto doble. Primero, atacamos porque estamos airados con nosotros mismos por permitir que la herida permanezca abierta en nuestra alma. Segundo, reaccionamos contra la persona que manifiesta la misma propensión al pecado. Muchas veces atacamos en otros la misma debilidad que se evidencia en nuestra propia vida.

Cuando los pastores se sienten inseguros sobre cómo manejar una situación, pueden caer en la intimidación. Lo hacen para mantener el control. Pero la intimidación nunca produce verdadero arrepentimiento o restauración, que debe ser, siempre, nuestra meta. La intimidación solo produce un remordimiento temporario, un arrepentimiento fingido o una retirada. Por consiguiente, la intimidación corta cualquier oportunidad sincera de ministrar sanidad a una persona herida.

Tratar de crear temor en otra persona al aparecer como más poderoso que ella, solo complica las cosas. Esto lleva al pastor a acosar a la persona, desmerecerla o tratar de "arrinconarla". Estos métodos solo producen mayor hostilidad. O provocan que la persona levante calumnias o planee acciones de venganza y violencia.

Cuando un pastor reacciona ante Jezabel con ira, Jezabel se acobarda. La persona se siente víctima, y ve al pastor como un ogro. Esto sucede, habitualmente, cuando hay otras personas presentes que son testigos del exabrupto violento del pastor, con lo que Jezabel queda como víctima indefensa. Si usted aún no ha vivido esta situación, pronto la conocerá. Es solo cuestión de tiempo.

Pastores dominantes

Instintivamente, la persona que tiene un espíritu de Jezabel suele copiar la forma de obrar del pastor. Si el pastor solo busca promocionarse a sí mismo, esta persona quizá se sienta en libertad para promocionar sus propios dones y capacidades. Si el líder es dominante, la persona quizá lo considere como un permiso para estar siempre en una posición de superioridad sobre otros. Si un pastor dominante choca con una Jezabel de voluntad fuerte, se produce una batalla horrible y feroz.

Recomiendo que el pastor concentre su atención en oponerse a la fortaleza demoníaca en la persona y la trate con amor al mismo tiempo. Cualquier confrontación debe ser hecha con amor, para restaurar a la persona. Solo una confrontación con amor llevará a la persona a quebrantarse. Jezabel debe experimentar la tristeza de Dios que lleva al arrepentimiento.

Si usted es un pastor que enfrenta resistencia de parte de Jezabel, no debe dar lugar al impulso de reaccionar con desdén. Recuerde: no lucha contra carne y sangre, sino contra los poderes de las tinieblas (ver Efesios 6:12). Pida a Dios que examine con profundidad su corazón. Después, responda con fortaleza y determinación para ayudar a la persona a arrepentirse. Si usted actúa a la defensiva o reacciona violentamente, Jezabel detectará su inseguridad y, para desarmarlo, posiblemente responda con falsa mansedumbre.

Su confianza debe estar puesta en el Señor. Creer que Dios lo ha nombrado pastor del rebaño le permitirá actuar con valentía y compasión al mismo tiempo.

Amargura contra las mujeres

Los recuerdos de haber sido rechazado por su madre, o de malas relaciones sentimentales pasadas, o de fluctuaciones en su matrimonio, influyen sobre la capacidad de un pastor para comunicarse con una mujer y confrontarla. Jezabel generalmente siente la amargura del pastor o las áreas en que tiene heridas no resueltas. Por lo tanto, el pastor debe evitar transferir temas no resueltos con alguna de sus abuelas, con su madre, hermana o esposa, a la persona que tiene el espíritu de Jezabel.

La sospecha, la contienda y la vana imaginación sobre conflictos potenciales lleva al pastor a erradicar a toda persona que no parezca sujetarse. Pero la sospecha, la lucha y la vana imaginación son espíritus de hechicería. Si un pastor se siente tentado a obrar de esas formas, esos espíritus pueden ganar terreno en su vida. No podrá vencer al espíritu de Jezabel hasta que se libre de esos problemas del corazón. Además, el pastor que ataca a un espíritu de Jezabel con arrogancia o soberbia, puede sufrir el ataque de estos espíritus demoníacos.

Una manera de expresar mejor lo que es obrar con un espíritu incorrecto, es decir que la persona obra en el poder del alma. Cuando usamos nuestra alma para vencer al alma de otra persona, no podemos obtener el consejo de Dios, que necesitamos para lograr la victoria. Solo si ejercemos el fruto del Espíritu Santo –amor, gozo, paz, paciencia, benignidad, bondad, fe, mansedumbre, templanza– podremos vencer el poder del alma. Solo un toque espiritual puede producir un cambio eterno en otra persona.

Además, tratar de usar el alma de esta manera trae desastre sobre un pastor, su familia y la iglesia. El pastor debe recordar que trata con poderes de las tinieblas. La batalla no es meramente con una persona. El éxito del enemigo distorsiona nuestro pensamiento y produce un espíritu de temor, sospecha o acusación en nuestro corazón. Jezabel obra con el poder del alma. Si usted obra con el mismo poder, le dará mayor fuerza al espíritu demoníaco, que acabará por controlar a la persona y a usted.

Un encuentro trágico

Poco después de cumplir cuarenta años, Martín se reunió con una pareja de su iglesia. Estaba convencido de que ambos tenían un espíritu de Jezabel. Era su segunda reunión con ellos, y había invitado a los ancianos. Aunque la primera reunión había sido bastante volátil, Martín estaba preparado para esta confrontación. La pareja no lograría hacer que él quedara mal ante los líderes, aunque habían amenazado con hacerlo.

En lo profundo de su corazón, Martín odiaba las confrontaciones y las evitaba. Pero recordaba otras dos ocasiones en que no había enfrentado problemas similares, y los resultados habían sido devastadores; dos iglesias divididas. La última le había costado a Martín su puesto en una iglesia grande y prestigiosa en otro Estado. Martín resolvió que nunca volvería a permitir que algo así le sucediera. Iba a solucionar cualquier tontería antes que se agravara. Esta noche los ancianos serían testigos de los planes hostiles de la pareja, como él lo había visto en la reunión anterior.

Dos horas después, Martín estaba sentado, con la cabeza hundida entre las manos, profundamente contrariado. Nada había cambiado. La pareja no había admitido culpa alguna. Además, no habían demostrado arrepentimiento por sus acciones. Habían actuado de manera astuta, fingiendo inocencia. Hasta acusaron a Martín de confundir sus palabras y acciones.

Durante la reunión la pareja dijo que solo quería servir a Dios. Las lágrimas les caían por el rostro mientras le recordaban a Martín y a los ancianos todas las ocasiones en que lo habían ayudado a él y a la iglesia. Con palabras suaves y aparentemente humildes, cuestionaron los motivos de Martín y afirmaron que estaba convirtiendo un grano de arena en una montaña.

Con una jugada muy sutil, habían cambiado el juego de Martín. Hasta Martín mismo se sintió confundido al escucharlos y llegó a pensar si no tendrían razón. Quizás su propio miedo e inseguridad lo había llevado a señalarlos con el dedo.

Después que la pareja se fue, los ancianos continuaron interrogando a Martín sobre las acusaciones escuchadas. Comenzaron a ponerse del lado de la pareja y a especular sobre los motivos que Martín podría tener para acusarla. Martín vio que la duda se apoderaba de sus razonamientos. Estaban confundidos en cuanto a su discernimiento y su capacidad de liderazgo.

Tres meses más tarde esta pareja se puso de pie durante un culto y exigió que Martín renunciara. Expusieron sus razones para ello y las presentaron como si Dios mismo hubiera hablado. Cuando Martín se negó a renunciar, gritaron: "¡Icabod!", es decir: "¡La gloria ha abandonado a Israel!" Y se retiraron de la iglesia. Ochenta miembros se fueron con ellos. Dos meses después Martín tomó un año sabático. Lamentablemente, nunca volvió al ministerio.

Al ministrar a los demás

Es necesario alentar a la persona que se ha arrepentido de usar a un espíritu de Jezabel para avanzar. Debe animársela a que continúe renovando su mente. Esta persona debe reconocer cómo Dios ve las cosas y adoptar la misma forma de verlas.

Debe alentársela a que practique actividades que restauren su autoestima. Con frecuencia estas personas tienen un gran deseo de contribuir con algo valioso. Una clave para la restauración es la actitud de servicio, dentro de límites sanos. Pero servir a los demás no debe ser confundido con tener autoridad. Darle autoridad en este momento sería como darle un licor a un alcohólico.

Toda área de rebelión debe ser tratada. En una actitud de mansedumbre, es necesario que se haga reparación para poder cerrar la puerta a futuras entradas del enemigo.

Pasos sugeridos para la confrontación

A continuación presentamos algunas sugerencias para pastores que deben confrontar a una persona que tiene un espíritu de Jezabel:

1. Pida consejo de otras personas que sean espiritualmente maduras sobre cualquier punto oscuro que usted no sepa cómo manejar.
2. Ore antes de hablar en una confrontación. Pida al Espíritu Santo que revele todo lo que está oculto. Es sorprendente cómo surgen asuntos que usted no hubiera conocido anteriormente si no hubiera permitido que el Espíritu Santo hiciera su tarea.
3. Pida sabiduría al Espíritu Santo para discernir lo que es espiritual, al discernir qué espíritus demoníacos ha aceptado la persona. Pida discernimiento sobre lo que es natural o lo que proviene de la crianza de la persona, como problemas con padres muy autoritarios, por ejemplo.
4. Asegúrese de que, durante la confrontación, haya otra persona más en el cuarto con ustedes.
5. Confronte cada problema con gracia, pero también con firmeza y sinceridad. Sea específico. Explique los problemas. No cometa el error de no revelar nombres o acusaciones específicas.
6. A toda costa, evite airarse. Mantenga la calma. No reaccione con violencia ni haga el asunto más importante de lo que es.
7. No ignore el problema. No se reducirá ni desaparecerá por más que usted lo intente.
8. A partir del momento en que sospeche que hay un problema,

confirme todo lo que le sea dicho por terceras partes. Registre fechas, lugares, horarios y lo que se ha dicho. De lo contrario, si usted trata de coordinar retazos de información aislados, Jezabel estará en mejores condiciones para negar todo.

9. Pida permiso a los terceros para usar sus testimonios, junto con sus nombres, en la reunión. Si no tiene permiso de esas personas, Jezabel negará todo.

10. Grabe la reunión. Hágale saber a la persona que la graba. Ponga el grabador a la vista de todos.

Si sigue estas sugerencias, prepárese para que Jezabel se arrepienta y se disculpe con gran despliegue emocional. Al mismo tiempo, no se sorprenda cuando Jezabel –que, según usted pensaba, se había arrepentido– se retracte y vuelva a golpear con mayor violencia. Si eso sucede, usted tendrá que repetir este procedimiento de confrontación. Si no lo escucha la segunda vez, debe sacarla de la iglesia.

Señales de alerta

A continuación presento algunas señales de advertencia que algunos pastores que ya han pasado por estas situaciones me han comentado. Es importante que los pastores estén alertas ante la aparición de alguna de estas frases que podrían indicar una tormenta en ciernes.

1. "Solo quiero ser su amigo." Lo más posible es que la persona que dice esto tenga expectativas que usted nunca podrá satisfacer.

2. "Solo quiero ayudarlo a llegar al lugar al que Dios lo ha llamado." En otras palabras, usted no puede llegar a cumplir su destino sin la ayuda de esa persona. ¡Tenga cuidado!

3. "No tengo motivaciones ocultas para ayudarlo. Solo quiero

servir." Pero, si usted busca, encontrará más de una motivación oculta.

4. "Puede confiar en mí. Siempre lo apoyaré." ¡Es decir que la persona lo apoyará mientras usted haga lo que ella le dice!

5. "Usted no reconoce mis dones." En otras palabras, le está pidiendo que le dé más autoridad en la iglesia.

6. "Usted no me comprende." La persona pide, veladamente, que pase más tiempo con ella del que tiene disponible.

7. "Usted me intimida. Siento que no puedo hablarle." En otras palabras, la persona quiere que las metas de ella se conviertan en las suyas.

8. "Tengo una nueva revelación. El pastor tiene entendimiento sobre el Antiguo Testamento y yo tengo entendimiento sobre el Nuevo Testamento." En otras palabras, ¡la otra persona está en lo cierto, y usted está equivocado!

9. "El Señor me ha dado algunas cosas que debo decirle." ¡Oh, oh...! Probablemente reciba una buena reprimenda.

10. "Mi último pastor no sabía cómo usar mis dones." En otras palabras: "Déjeme que haga lo que yo quiera".

Trabajar para nuestro bien

Si se lo maneja adecuadamente, un ataque de un espíritu de Jezabel acaba por fortalecer a la iglesia. Dios usa las fieras batallas de la vida para entrenarnos, fortalecernos y refinarnos (ver 1 Pedro 4:12-19). Dios me dijo una vez: Las batallas pequeñas producen victorias pequeñas, pero las grandes batallas producen grandes victorias, en nuestra vida, en nuestro ministerio y en nuestra iglesia.

CaPíTuLo 11

Desmantelar el manto de Jezabel

Jeremías observaba horrorizado cómo los soldados babilónicos prendían fuego el templo de Jerusalén. Sus ojos ardían por el humo tanto como por su propia pena, mientras veía cómo saqueaban los edificios de la ciudad y les prendían fuego. Se preguntaba por qué la gente no lo había escuchado. ¿Por qué habían permitido que las naciones paganas que los rodeaban influyeran sobre ellos? ¡Si los judíos les hubieran hecho caso a los profetas...! ¡Si hubieran escuchado a Moisés!

Jeremías continuó mirando cómo las llamas consumían el Lugar Santo, mientras se levantaba una densa columna de humo negro. Aunque eran el pueblo elegido de Dios, los judíos, lentamente, se habían vuelto como los babilonios. Ahora habían caído bajo el juicio de Dios, como lo había predicho Moisés.

Y si no echareis a los moradores del país de delante de vosotros, sucederá que los que dejareis de ellos serán por aguijones en vuestros ojos y por <u>espinas en vuestros costados</u>, y os afligirán sobre la tierra en que vosotros habitareis. Además, haré *a vosotros como yo pensé hacerles a ellos* (Números 33:55-56, subrayado agregado).

Una espina demoníaca

Una espina causa infección, a menos que sea quitada. Una espina demoníaca pincha a la iglesia y causa infección en ella, así como una espina hincada hace inflamar la piel y es causa de infección. Cuanto más tiempo se la ignore, mayor será el alcance de la infección. Si se la descuida, la infección puede extenderse y llevar a una amputación, o algo peor: la muerte.

Para resolver el problema de un espíritu de Jezabel, Dios requiere que sus siervos quiten la espina demoníaca que infecta a su Cuerpo. Es necesario que se produzca una confrontación según la voluntad de Dios, para que haya convicción y verdadero arrepentimiento.

La convicción de pecado y el arrepentimiento se producen con la ayuda del Espíritu Santo. Los pastores no pueden obligar a nadie a arrepentirse, porque no son ellos los que producen convicción de pecado. El Espíritu Santo tiene esa responsabilidad. Podemos orar para que el Espíritu Santo convenza a la persona que tiene un espíritu de Jezabel. Pero si el comportamiento de la persona se vuelve obviamente malicioso y dañoso para otros en la iglesia, el pastor debe confrontar este problema. Es necesario que el pastor y los líderes actúen con decisión y en unidad, antes que Dios actúe como estaba a punto de hacerlo en Tiatira.

Responsabilidad de la remoción

La responsabilidad de enfrentar un espíritu de Jezabel corresponde al pastor. Como anciano del rebaño, el pastor tiene la autoridad para confrontar y remover a cualquier problema o persona problemática de la iglesia.

El pastor no debe esperar que un profeta solucione este tema. La responsabilidad del profeta solo es revelar a la persona que obra encubiertamente con un espíritu de Jezabel. Recordemos que el profeta Elías huyó de Jezabel. Su sucesor, Eliseo, comprendió que solo el rey tenía autoridad para remover a Jezabel. Por eso Dios le indicó a Eliseo que ungiera a Jehú como rey.

Enfoques a tener en cuenta

Hay dos formas básicas de encarar la situación de confrontar a Jezabel. La primera es anunciar primero la conclusión –es decir: "Usted tiene un espíritu de Jezabel"– y después mencionar las razones por las que se ha llegado a tal conclusión. Esta forma de actuar rara vez produce buenos resultados. El estigma de ser llamado "Jezabel" es demasiado ofensivo. Además, esta persona ha percibido, erróneamente, que el espíritu de Jezabel es el Espíritu Santo. Por lo tanto, todo lo que ha aceptado se vuelve sospechoso. Dado que el espíritu de Jezabel es una falsificación del Espíritu Santo, tendrá que admitir que estaba obrando bajo un espíritu equivocado. Tendrá que reconocer que el poder que le daba consuelo, poder, autoridad, revelación, valor y autoestima, es demoníaco. Si confiesa tal cosa, quedará confusa y desorientada, sin saber en qué confiar ni qué creer.

Por estas razones no recomiendo actuar de esa forma. Es más que probable que la persona no reconozca su problema y siga creyendo que ha oído hablar al Espíritu Santo. Además, comenzará a montar una campaña defensiva en contra de usted, tratará de atrincherarse aún más en la iglesia para que no pueda librarse de ella. O se irá de la iglesia, con lo cual el problema inmediato queda solucionado, pero la persona aún está sin sanar. Los pastores que tienen una mentalidad del Reino sufren porque el destino que Dios tenía para esa persona no se cumple.

La segunda forma de encarar el problema, más apostólica, es identificar y tratar los asuntos básicos antes de anunciar su conclusión.

De hecho, es posible que no sea necesario identificar al espíritu delante de esa persona. Es de esperar que ella, al reconocer los problemas, saque la conclusión por sí misma.

Por ejemplo, si alguien esparce mentiras acerca de usted como pastor, usted tendrá que confrontar cada mentira específica y descubrir por qué mintió la persona. Lo más posible es que esta persona haya crecido rodeada de malos ejemplos de roles, y haya visto cómo las figuras de autoridad utilizan su poder para mal. En cierto sentido, este enfoque requerirá que el pastor ayude a corregir una forma de pensar tergiversada de la persona. Es posible que el pastor deba alentar a la persona a descubrir y enfrentar sus expectativas poco realistas, y que comience a darse a sí misma modelos sanos de autoridad.

El temor es obstáculo para el arrepentimiento

Para alentar a la persona a arrepentirse de verdad, el pastor debe pedir la sabiduría de Dios. También tendrá que enfrentar los temores de la persona.

Para que una persona le permita orar por ella, primero tendrá que estar segura de que cualquier cosa que la haya hecho vulnerable al espíritu de Jezabel será eliminada. La puerta de acceso a ese espíritu de temor debe ser descubierta, cerrada, sellada y tapiada.

La persona también debe sentirse segura cuando está con un pastor u otras personas que la ministran. Debe demostrársele claramente amor y sabiduría para que el ministerio a Jezabel tenga éxito. Las meras buenas intenciones no le dan seguridad.

Es posible que la persona sea motivada por millones de temores. Puede ser temor a los que están en autoridad, o temor a los que son vistos como amenaza. Descubrir el problema de raíz o el punto de acceso que permitió que ese espíritu se infiltrara, ayudará en mucho a facilitar el proceso de sanidad. Esto también ayudará a la persona a rechazar el mismo espíritu en situaciones futuras. Por ejemplo, si un espíritu de Jezabel entró en la persona en un momento en que ella se sentía rechazada, debe descubrirse en qué situación específica sucedió. Así, la próxima vez que la persona sea rechazada –o se sienta rechazada– no recurrirá a su antiguo comportamiento de control y manipulación.

Cuando intentamos liberar a una persona de un espíritu de Jezabel, ella temerá perderlo todo. Lo que nosotros vemos como un espíritu demoníaco, para ella es su protector. Ha creído, equivocadamente, que obraba bajo la guía del Espíritu Santo. Por lo tanto, ha creído que todas sus percepciones, opiniones, palabras de conocimiento y sueños provenían de Dios. La tarea del pastor es desmantelar esa mentira para que la persona descubra el engaño bajo el que ha obrado.

Normalmente, la persona necesitará que se le asegure que Dios obra para ayudarla a resistir al espíritu de Jezabel y vencerlo. Con el tiempo, el proceso de discernir y no entregarse a viejos hábitos edificará en ella un carácter agradable a Dios. Recuerde: Dios es fiel en completar la sanidad que ha comenzado en la vida de la persona (ver Filipenses 1:6).

Remordimiento por haber sido atrapada

Bajo el remordimiento de la persona, subyace un cierto pesar por haber sido atrapada. Además, esto sugiere la posibilidad de que vuelva a hacerlo en el futuro. Es necesario que el líder sea muy maduro para poder distinguir entre arrepentimiento y remordimiento.

La disciplina de la iglesia debe continuar hasta que se produzca un verdadero arrepentimiento que sea evidenciado por la tristeza que proviene de Dios (ver 2 Corintios 7:10). Esa tristeza es señal de una voluntad quebrantada. Aunque la persona se arrepienta, no debe permanecer ni ser colocada en ninguna posición de liderazgo.

Su alma y su espíritu deben ser renovados y restaurados primero. Todo esto lleva tiempo hasta que sana por completo. Debemos comprender que el proceso implica algo más que el perdón. Implica sanidad interior que, generalmente lleva varios años. Por lo tanto, si la persona desea comenzar a liderar un grupo pequeño, no ceda ante la presión. Apresurarse a reinstaurar a esta persona en una posición de liderazgo sería como enviar a un ex alcohólico a testificar a un bar. Lo sabio es no hacerlo.

El problema de la negación

Si la persona niega tener problemas de control o manipulación, se produce un problema. Lo sorprendente es que tal negación suele producirse después de una reunión privada en que la persona ha admitido dichos problemas.

Cuando estos asuntos resurgen, tienen mayor poder. Dado que usted ya ha mostrado sus cartas, Jezabel se anticipará a lo que usted diga y preparará una refutación inteligente. Paso por paso, desarmará su estrategia contra ella.

El pastor, que debería haber informado con anticipación a los líderes sobre su reunión con Jezabel, deberá ahora reunirse con el equipo de líderes a causa de ella. Juntos deberán tratar y confrontar a la persona, sin demoras. No es bueno que este problema se extienda en el tiempo, ya que fermentará hasta causar una tempestad. Además, debe requerirse inmediatamente a la persona que se arrepienta. Recomiendo seguir los diez pasos que se detallan para los pastores en el capítulo 10 (página 145).

Dado que Dios requiere dos testigos, es necesario que usted los tenga cuando confronte a una persona que tiene un espíritu de Jezabel. Son necesarios para el caso de que la persona luego niegue o tergiverse lo que se dijo. Al tener testigos en la reunión, usted se asegurará de poder actuar luego de la manera correcta y necesaria.

Además, los testigos constituyen un poder de unidad para atar y desatar. Juntos podrán atar al espíritu de Jezabel y su poder, para que no afecte al futuro de su iglesia.

Remoción

Si la persona no se arrepiente y no está dispuesta a ser liberada, debe ser removida de la iglesia. La Biblia habla de un hombre que desafió a la autoridad de la iglesia y fue severamente corregido y separado de la comunión (ver 1 Corintios 5:4-5). Estas severas correcciones exigen que los líderes actúen constantemente con amor, carácter y valor.

Restauración

Dado que estaba interesado en el Reino y no en una venganza personal, Pablo, varios años más tarde, pudo notar la tristeza de Dios que sentía el hombre que había sido separado de la iglesia (ver 2 Corintios 2:4-11). Pero los líderes de la iglesia no la habían notado. Así que Pablo los instó a incorporar nuevamente a ese hombre en la congregación.

De la misma manera, una vez que la persona ha sido separada de la congregación, si la fortaleza que la dominaba realmente ha sido rota, debemos perdonarla y restaurarla a la comunión. Obviamente, es necesario que la restauración se realice sabiamente, con personas que juzguen con exactitud la sinceridad de la persona y la profundidad de su arrepentimiento.

La destrucción de Jezabel

Jehú, gobernante de la dinastía más extensa de Israel, fue ungido por Eliseo y recibió el mandato de Dios de eliminar a Jezabel y la casa de Acab (ver 2 Reyes 9:7).

Jehú no se demoró en cumplir el mandato. A su orden, los siervos de Jezabel la arrojaron por la ventana elevada en el muro. Lo interesante es que sus siervos eran eunucos, que no se habían rendido ante su seducción y pudieron llevar a cabo las órdenes de Jehú, para que los verdaderos vigías del Señor pudieran estar allí (ver 2 Reyes 9:33).

De la misma manera, cualquiera que vaya a confrontar a Jezabel debe convertirse en un eunuco espiritual. No debe ser tentado por los deseos de la carne, los deseos de los ojos ni la vanagloria de la vida (ver 1 Juan 2:16). Debe ser tan decidido e inflexible como Jehú, y tan incapaz de ser seducido como los eunucos de Jezabel.

Mi oración es que, en esta hora, se levanten pastores piadosos de carácter, valor y fortaleza real. Oro para que, con gran valor, pongan el hacha a las raíces de este espíritu demoníaco que intenta destruir a los profetas, castrar a los pastores y pervertir el Cuerpo de Cristo. Como pueblo de Dios, debemos amar lo que Él ama y odiar lo que Él odia. No debemos retroceder acobardados ni temer al enfrentamiento y la corrección de la anarquía y la rebelión que mancha el Cuerpo de Cristo.

El antídoto

Dado que la anarquía es una enfermedad de nuestra cultura actual, los pastores deben tomar una posición activa. Recomiendo que en la iglesia se enseñe continuamente sobre el tema de la autoridad espiritual y la anarquía.

CaPíTuLo 12

Recuperemos
a los seguidores
de Jezabel

No había nada que hacer más que volver a lo que sabía hacer: pescar. Durante tres años Pedro había ministrado junto a Jesús. Había sido parte de su círculo íntimo de discípulos, y había estado en el Monte de la Transfiguración. Pero finalmente había negado a su Señor en el momento más importante para Jesús.

Aunque Pedro estaba feliz de ver a Jesús después de la resurrección, sentía vergüenza por haberlo negado. Jesús sabía que Pedro se había arrepentido. Pero Pedro necesitaba que lo alentaran para aceptar su llamado. Después de terminar el desayuno en la costa, Jesús le hizo a Pedro una serie de preguntas que tenían como fin sanar su espíritu quebrantado y restaurarlo para el Señor (ver Juan 21:15-17).

De manera similar, las personas que son liberadas de un espíritu de Jezabel también necesitan ser restauradas. Necesitan que se les recuerde que, si somos fieles para confesar nuestros pecados, el Señor es fiel para perdonar nuestros pecados y limpiarnos de los efectos de la injusticia (ver 1 Juan 1:9). ¿Qué pecado podría ser peor que el de Pedro al negar a Jesús en el momento más crucial de la vida del Señor? Aunque sintió el aguijón de la traición de uno de sus amigos más cercanos, Jesús perdonó a Pedro.

No hay herida más dolorosa en esta vida que la que sufrimos a manos de nuestros amigos, especialmente de aquellos a los que seguimos. Esas heridas deben ser tocadas por el Señor para que pueda darnos sanidad y salud. No importa si usted es pastor o miembro de una iglesia; todas las heridas causadas por un espíritu de Jezabel deben ser sanadas.

Jesús ungió a su iglesia para que continuara el trabajo de su Reino: sanar a los quebrantados de corazón y dar libertad a los que habían sido tomados cautivos por el maligno (ver Isaías 61:1). La verdadera sanidad se produce cuando se tratan los siguientes aspectos:

Derribar fortalezas

Ministrar a los seguidores de Jezabel implicará destruir fortalezas mentales. En su libro *Healing the Nations* (*Sanar a las naciones*), John Sanford define una fortaleza mental como una forma de pensar habitual que se ha vuelto arraigada y automática. Tiene una vida y una voluntad propias. Las fortalezas son áreas de la mente en que somos mantenidos en cautiverio, y nuestras percepciones están completamente distorsionadas.

Por ejemplo, una vez tuve una discusión tonta con mi esposa sobre el color de las flores que había junto a un camino. Yo las veía color amarillo. Para mi esposa, eran color blanco. "Sabía" que yo tenía razón, por lo que percibía. No podía entender por qué ella insistía en que las flores eran blancas, hasta que me hizo quitar los lentes contra el sol, con vidrios coloreados, que llevaba puestos. Entonces me di cuenta de que mi esposa tenía razón. Las flores, en realidad, eran blancas. El lente de color con que yo las veía había distorsionado mi percepción de su color. Dado que yo pensaba que tenía razón, había respondido indignado a la afirmación de mi esposa, apasionadamente convencido. Pero algo estaba distorsionando la manera en que yo veía la situación.

Esto es una ilustración de cómo las fortalezas pueden distorsionar nuestra percepción de una situación real. Podemos interpretar lo que sucede a través de lentes teñidos y distorsionados por nuestras heridas.

Cuando usted comience el proceso de sanidad, necesitará mucha valentía para hacer una autoevaluación descarnada de sí mismo. Puede ser que le produzca conmoción el hecho de enfrentar la realidad y abandonar lo que lo ha mantenido engañado. Para abrir la puerta hacia el descubrimiento y la revelación de nosotros mismos, necesitamos de la gracia de Dios. Cuando abrimos nuestro corazón a la verdad sobre nosotros mismos, comienza el viaje hacia la sanidad.

Es posible que los siguientes factores hayan permitido libre acceso al enemigo a nuestras vidas y alimentado el impulso de seguir a alguien que tenía un espíritu de Jezabel.

Dependencia emocional de otras personas

Las personas que siguen a alguien que tiene un espíritu de Jezabel, por lo general son emocionalmente dependientes. Tienen un gran impulso interno de estar conectadas con alguien o de tener una relación especial con una persona en particular para sanar su autoestima herida. Aunque es normal que necesitemos a otras personas, los que son exageradamente dependientes sienten que necesitan a alguien en su vida todo el tiempo, y temen el abandono físico o emocional. En lugar de desarrollar una intimidad sana, buscan mezclarse y fundirse con el otro. Tratan de llenar la soledad, el vacío y la falta de amor por sí mismos, y caen en relaciones codependientes y, con frecuencia, de abuso.

Dios ha puesto en lo más profundo de cada ser humano un clamor del corazón. Nos creó para que nos relacionemos con los demás y sintamos el anhelo de tener comunión. Pero si no permitimos que nuestro Padre celestial cubra esa necesidad fundamental, nuestra identidad será como la de un huérfano. Andaremos vagando sin rumbo, buscando desesperadamente que los demás llenen nuestras necesidades y nos adopten.

Para estas almas heridas Dios es el bálsamo sanador. Dios nos atrae suavemente hacia el único lugar donde nuestra profunda hambre puede ser saciada. Nuestros anhelos mal dirigidos pueden solo encontrar verdadero descanso en Dios el Padre. Allí, mientras nos da testimonio de que Dios es nuestro Padre, el Espíritu Santo también nos afirma que somos sus hijos (ver Romanos 8:16). Nos es dado un espíritu de adopción, por el cual podemos clamar *"¡Abba, Padre!"* Conocerlo como Padre es amarlo y aceptar su autoridad sobre nosotros. Entonces, dependemos de Él en lugar de depender de otra persona.

Una actitud de temor

El temor generalmente comienza al imaginar algo terrible. El aspecto mental de nuestra alma comienza a concentrarse en cosas que pueden hacernos daño. Entonces un espíritu de temor se arraiga en nuestra alma.

Muchas veces los que siguen a alguien que tiene un espíritu de Jezabel tienen una historia de temores esclavizantes al desamparo, al rechazo, al castigo, a la soledad y quizás, a no conocer la voluntad de Dios. Estos temores provienen de nuestras circunstancias pasadas y los aplicamos a las circunstancias actuales.

Un espíritu de temor es una señal de esclavitud espiritual. Lleva a una persona a someterse al control de los demás. Los que seguían a Jezabel ahora tendrán un temor recurrente a volver a ser engañados. Estarán tentados a considerar tiránica cualquier autoridad. Todos los temores de ser dominado o controlado deben ser llevados a la cruz. Los temores recientes, como los que tienen sus raíces en la infancia, deben ser considerados muertos en la cruz (ver Romanos 6:11) para que comience la nueva vida (ver 2 Corintios 5:17). Morir a esos temores nos dará libertad para relacionarnos con los demás, sin miedos.

Para comenzar nuestra sanidad, debemos pedir a Dios que nos muestre las circunstancias que nos llevaron a abrir nuestra alma al temor. Debemos, por medio de la fe, derribar lo que la Biblia llama *"vanos argumentos"*. Por la fe debemos limpiarnos de temores y pedir a otro cristiano –que esté libre de temor– que se ponga de acuerdo con nosotros. También debemos pedir a Dios que nos llene de amor, poder y una mente sana, porque su amor perfecto echa fuera el temor.

Cuando nuestra mente es gobernada por nuestro espíritu, nos concentramos en las virtudes que brotan del Señor. Podemos ocuparnos de lo que es verdadero, honesto, justo, puro, amable, de buen nombre (ver Filipenses 4:8).

Temor a tomar decisiones

Cuando cedemos la toma de decisiones y elecciones a otra persona corremos el riesgo de atrofiar nuestro espíritu, que perderá la capacidad de discernir lo que es de Dios. También nos arriesgamos a caer en el pecado de iniquidad o anarquía (ver Hebreos 5:14).

Dios nos da la capacidad de ejercer el libre albedrío: la libertad de elegir y decidir. Si no tuviéramos voluntad, seríamos como Data, el androide de *Viaje a las estrellas*, que solo hacía lo que le decían. Al darnos libre albedrío, Dios nos da poder para seguir y completar las decisiones que hemos tomado. Por lo tanto, cuando entregamos nuestra voluntad a otra persona le damos el derecho de tomar decisiones por nosotros. Entonces dejamos de lado nuestra capacidad para recibir revelación directamente de Dios y, al hacerlo, convertimos a Jezabel en nuestro ídolo y permitimos que tome el lugar de Dios.

Cuando evitamos tomar decisiones, quizá nos motiven la auto-condenación y un sentido de incompetencia. Quizá nunca nos han enseñado a tomar decisiones responsables. O nos sentimos incapaces de tomar una buena decisión. Si ese es el caso, quizá hemos sido criados en un hogar duro y lleno de críticas, en el que el castigo por cometer un error era desproporcionado con relación a la ofensa. ¡Nunca podíamos hacer nada bien!

Por lo tanto, evitábamos tomar decisiones por temor a ser penalizados por tomar una mala decisión. Para compensar, adquirimos una mentalidad de esperar el fracaso. Tenemos temor a asumir riesgos. Escuchamos la voz que susurra dentro de nuestra cabeza y nos predice fracasos. Nos apartamos de la responsabilidad y llegamos a ser incapaces, indiferentes, desmotivados o desinteresados en tomar decisiones.

Para vencer el temor al fracaso debemos cambiar nuestra forma de pensar. Debemos aprender a ver el éxito, no el fracaso. Cuanto más sanos nos volvamos, más podremos practicar la toma de buenas decisiones. Recuerde: Dios es fiel y le mostrará su voluntad a cualquier persona que, con humildad, desee conocerla y esté dispuesta a obedecerla.

Un profundo sentimiento de vergüenza

La vergüenza es la sensación de ser fundamentalmente malo, inadecuado, defectuoso, indigno o de no llegar a la altura de alguna norma. Muchos necesitan ser sanados de un profundo sentimiento de vergüenza.

En algún momento de nuestra vida, todos sentimos vergüenza. Pero para la persona que ha seguido a Jezabel, la vergüenza será un recuerdo constante y doloroso. Dudará de su capacidad de recibir palabra de Dios, como si estuviera manchada o fallada para siempre. Creerá que Dios está disgustado con ella. Por lo tanto, será útil recordarle que no todo está perdido, y que ha podido aprender una gran lección.

Muchas veces, cuando nos encontramos en nuestro punto más bajo, descubrimos la maravilla de la profunda e increíble gracia de Dios. La gracia es lo contrario de la vergüenza. Mientras la vergüenza produce depresión, la gracia trae esperanza y alegría al corazón.

La gracia es la bondad inmerecida de Dios hacia nosotros. Es imposible ganarla, y es totalmente impagable. A través de la gracia de Dios podemos relacionarnos con nuestro amoroso Padre celestial, que anhela derramar su gran amor sobre nosotros en abundancia. Cuando recibimos a su Hijo Jesús como sacrificio redentor por nuestros pecados, Él nos llama "hijos". Cuando atravesamos "la noche oscura del alma", podemos escuchar a Dios susurrándonos: "Te amo y te acepto. Los planes que tengo para ti son para bien, no para mal" (ver Jeremías 29:11).

El temor a volver a confiar

Cuando derivamos nuestra fortaleza espiritual de otra persona, nuestro corazón se aparta del Señor. Hemos permitido que esa otra persona sea el origen de nuestra fuerza.

La Biblia nos amonesta para que pongamos nuestra confianza en el Señor (ver Salmos 37:3; Salmos 71:5; Isaías 50:10). Personalmente, yo lo hago así: aquieto mi corazón y miro hacia Dios. Saber que le pertenezco me ayuda a confiar y obedecer su voluntad para mi vida. Saber lo que Él desea que yo haga, momento tras momento, es una búsqueda diaria. Dios nos llama a vivir en la práctica nuestra fe, confiando en Él. La oración me ayuda a esperar que Dios me dé su dirección, en lugar de actuar impulsivamente en busca de mi propio interés. Cuando ponemos nuestra confianza en

Dios Él nos permite confiar en la autoridad espiritual que ha colocado en nuestra vida (ver 1 Pedro 2:13-3:6; 5:5-6).

La base para reconstruir las relaciones con los demás es unirse a Dios. Cuanto más fuerte sea nuestra unión con Dios, mayor será nuestra capacidad de formar relaciones sanas con los demás. Nuestra valentía para volver a confiar fluye de nuestra conexión con Dios.

Aunque Jesús tocó a muchas personas, solo abrió su corazón a algunos pocos amigos que estaban comprometidos con Él. De la misma manera, solo debemos confiar en otra persona en la medida que veamos a Jesús –y no una apariencia religiosa– que se manifiesta en su vida (ver Miqueas 7:5-13).

Las consecuencias de la ingenuidad

La ingenuidad puede hacer que una persona corra un gran peligro. Implica que la persona tiene una mente sencilla, ignorante, necia, que puede ser engañada y conducida por caminos errados (ver Proverbios 27:12). Como tales, estas personas son crédulas y suelen ser explotadas por Jezabel. Los que son controladores y manipuladores reconocen instintivamente la oportunidad de aprovecharse de ellas.

La ingenuidad también puede fomentar nuestra necesidad de idolatrar a otra persona. Cuando sentimos una excesiva admiración por alguien, comenzamos a formarnos expectativas poco realistas con respecto de él o ella. Exageramos sus puntos fuertes y nos cegamos a sus faltas. Esta estima y este afecto poco sanos son, en realidad, un obstáculo para la persona, no la edifica.

A lo largo de la Biblia se nos anima a buscar la sabiduría, el conocimiento y la discreción que preservan nuestra vida y nos protegen del mal (ver Proverbios 2:10-13). La sabiduría y la discreción repelen a los que tratan de oprimirnos y dominarnos.

Nunca es demasiado tarde para aprender la sabiduría, la discreción y el discernimiento que provienen de Dios. No importa cuántos errores haya cometido usted en el pasado, las misericordias de Dios son nuevas cada mañana (ver Lamentaciones 3:22-23). Su capacidad para perdonar es mayor que su capacidad para fallar.

Pérdida del gozo y la inocencia

La pérdida del gozo se hará evidente en la vida de alguien que se recupera del dolor de seguir a Jezabel. El cansancio de su alma le hará difícil expresar sus emociones, y comenzará a deslizarse hacia una oscura depresión. Pero cuando comience a aceptar la gracia de Dios, su gozo regresará y le dará fuerzas.

Dios nos ha creado para que seamos llenos de gozo. Conocerlo a Él íntimamente nos produce gozo, que enriquece nuestra vida. He descubierto que el gozo es la fuente de la juventud. Evita, alivia, cura las enfermedades del alma (ver Proverbios 17:22) y nos da vitalidad espiritual. Experimentar gozo también nos da poder para cultivar relaciones sanas con los demás (ver Nehemías 8:10).

Para andar en un gozo profundo y permanente es necesario tener la inocencia de un niño. La inocencia nos permite adoptar una fe simple que mira al amoroso Padre celestial para la solución de todos los problemas. Con el tiempo, a medida que nuestra relación con el Señor se profundice, nuestra espontaneidad y nuestra inocencia infantil serán restauradas. A medida que dejemos de tratar de controlar a los demás, dejaremos de tratar de predecir lo que los demás harán y, por lo tanto, redescubriremos la inocencia y el asombro de la niñez.

Temor a lo sobrenatural

Los que han sido heridos por un espíritu de Jezabel quizá teman a cualquier cosa que les recuerde a lo sobrenatural o al ámbito sobrenatural. Este temor continuará como una reacción ante el engaño inicial. Por ello levantará un grueso muro de protección alrededor de su alma, para protegerla de futuros engaños.

Lamentablemente, esta reacción extrema le impedirá apreciar la interminable variedad de dones sobrenaturales de Dios, como sueños y visiones. Quizá considere que cualquier cosa que va más allá de sus cinco sentidos es sospechosa. Quizá se sienta incómoda en un culto cuando se manifiesta la presencia de Dios con poder. Pero esta reacción hará que la persona mantenga una cierta distancia con Dios.

¿Se ha dado cuenta de que los dones espirituales son, en realidad, armas con las que atacamos el campamento del enemigo? Si nos mantenemos a distancia de esos dones, sin quererlo ayudamos al enemigo en su plan. Volvemos al viejo adagio: "Lo que no conocemos no puede hacernos daño".

Nuestra capacidad de aceptar los dones sobrenaturales está basada en que conozcamos a Dios como nuestro Padre sobrenatural. Como Padre, Dios desea dar buenos dones a sus hijos. En la manifestación sobrenatural de la presencia de Dios, vemos su extraordinaria gloria y su majestuoso esplendor. ¡Él es, verdaderamente, un Dios como no hay otro! Porque hemos venido al monte de Sion y a la ciudad del Dios vivo, a la compañía de muchos millares de ángeles (ver Hebreos 12:22-24).

Creer una mentira

Lamentablemente, muchos seguidores de Jezabel han sido engañados por demonios y, por lo tanto, han sido cegados para no ver el cepo espiritual que los atrapa. Han considerado a los demás que no están bajo su control –incluso a los pastores– como personas engañadas que están bajo la influencia de demonios.

Jezabel se les ha mostrado como una fuerza espiritual de elite, inmune al ataque demoníaco. Los que han sido atrapados por la red de engaño de Jezabel, mirarán a Jezabel en lugar de mirar al Señor, como fortaleza de protección contra lo demoníaco.

Confiar en un espíritu maligno –sepamos o no que lo es– nos coloca bajo la autoridad y la falsa protección de ese espíritu. De esa manera le damos al espíritu las llaves de nuestra vida. Dado que tal autoridad nos hace daño, debemos ser liberados de ese dominio. Si usted tiene aversión a la liberación, pida a Dios que quite toda fortaleza que pueda tener, y que lo lleve a la verdadera respuesta para su sanidad.

Hacer callar otras voces

Por un tiempo los espíritus demoníacos probarán a los antiguos seguidores de Jezabel para saber si realmente han cambiado. Estas personas deberán ordenar a las voces y las influencias de su mente, que dejen de instruirlas o engañarlas. Si estos espíritus seductores y engañadores regresan para tentar a la persona, esta debe resistirse a ellos.

A partir de este momento la persona es libre para no seguir otra voz que no sea la de Jesús. Debe aceptar las palabras de Jesús: *"Mis ovejas oyen mi voz, y yo las conozco, y me siguen"* (Juan 10:27).

Rechazar la influencia de Jezabel

No reciba consejo, oración ni imposición de manos de nadie que usted sienta que tiene espíritu de Jezabel en su vida. Quizá sea recomendable deshacerse de cualquier elemento personal (ropas, joyas, libros, música, elementos artísticos, tarjetas postales, cartas, recuerdos o fotografías) que le hayan sido dados por Jezabel. Estos elementos pueden representar ataduras de alma que serán obstáculos para usted en su viaje hacia la libertad. Pida al Señor que le muestre si debe destruirlos (ver Hechos 19:19).

Reconciliación con familiares y amigos

Por tanto, si traes tu ofrenda al altar, y allí te acuerdas de que tu hermano tiene algo contra ti, deja allí tu ofrenda delante del altar, y anda, reconcíliate primero con tu hermano, y entonces ven y presenta tu ofrenda (Mateo 5:23-24).

Mientras la persona está bajo la fortaleza de un espíritu de Jezabel, es fácil que se ciegue a las heridas que ha infligido a otros. Debe pedir al Señor que la ayude a reconocer sus propias acciones y a verlas a través de los ojos de otra persona. Esto le abrirá los ojos para ver cómo su manipulación y su control los han herido.

Perdonar no es excusar el comportamiento de la otra persona. El perdón reconoce la ofensa, pero decide no esgrimirla en contra del otro. Cuando Jesucristo murió en la cruz, su sangre fue el pago por nuestros pecados para que pudiéramos ser verdaderamente perdonados. De la misma manera, cuando perdonamos a alguien reflejamos la profundidad del perdón de Dios hacia nosotros.

Quítense de vosotros toda amargura, enojo, ira, gritería y maledicencia, y toda malicia. Antes sed benignos unos con otros, misericordiosos, perdonándoos unos a otros, como Dios también os perdonó a vosotros en Cristo (Efesios 4:31-32).

La persona deberá pedir perdón a los que ha herido o a los que ha hecho mal, y a los líderes cuya iglesia o ministerio ha difamado. Debe pedir a Dios que la ayude a confesar, comunicar que se ha dado cuenta de que sus acciones eran intolerables. Cuando pueda sentir parte del dolor que ha infligido, podrá pedir perdón con mayor humildad.

Es posible que la persona se sienta motivada a tratar de recompensar a sus seres queridos. Tal reconciliación producirá la restauración y una liberación espiritual mayor. Como resultado, las maldiciones pronunciadas por el espíritu de Jezabel quedan anuladas y sin poder.

El proceso del perdón lleva tiempo. La persona necesitará tiempo para recuperarse y regresar a sus rutinas. Las tareas familiares que han quedado desatendidas deben ser retomadas, sin quejas, con una actitud de gratitud. Esta bondad ayudará a restablecer las relaciones sanas. En el proceso de sanidad también puede ser de ayuda contar con un consejero que sea un hombre de Dios.

Crear relaciones sanas

La energía necesaria para iniciar nuevas relaciones puede verse dispersada por el letargo, que es un resultado colateral de ser dominado por otra persona. Recorrer el proceso de la sanidad es cansador. Quizá usted se sienta exhausto tanto física como emocionalmente. Al mismo tiempo, tendrán que alentarlo para que participe de las actividades de la iglesia. Deberá ser motivado para retomar la autodisciplina y establecer límites sanos en las relaciones con los demás. De esta forma podrá recuperar una voluntad guiada por el espíritu.

Aprender humildad

La humildad y la obediencia siempre nos llevan a Dios. Abren la puerta para que la gracia de Dios nos sea extendida. El verdadero arrepentimiento es el máximo acto de humildad. Sabemos que *"Dios resiste a los soberbios, y da gracia a los humildes"* (Santiago 4:6). Cada día debemos pedir al Espíritu Santo que nos dé convicción de pecado, para que quede expuesto todo aquello de nosotros que pueda ser dañino o herir a los demás. Después debemos acercarnos a nuestro Padre celestial y a los demás con una tristeza que es según Dios. El verdadero arrepentimiento siempre nos liberará de la esclavitud.

Confiar en Jesús cada día

Cuando nuestra necesidad de amor no es satisfecha, estimula la codependencia y el impulso de "adosarnos" a otra persona. En lugar de buscar otra persona, que es limitada y poco confiable, debemos desarrollar nuestro bienestar espiritual. Cada día debemos mirar a Jesús, que es suficiente para proveer para todas nuestras necesidades: emocionales, físicas, espirituales y relacionales. Él es suficiente para todo, y en Él está la plenitud de la vida (ver Juan 1:4).

Fíate de Jehová de todo tu corazón, y no te apoyes en tu propia prudencia.
Reconócelo en todos tus caminos, y él enderezará tus veredas (Proverbios 3:5-6).

Oración de limpieza

La persona que ha seguido a Jezabel debería orar estas palabras de arrepentimiento y liberación en su viaje hacia la sanidad: "Padre celestial, necesito que tu Espíritu Santo me ayude a no pensar y vivir como lo hacía antes. Dejo atrás los temores de mi infancia y las maldiciones de mi sangre. Te pido que los canceles por fe en el nombre de Jesús. Elijo no ser esclavizado por ellos nunca más.

"Dejo de lado mi temor a enfrentar el dolor de pasadas amistades, romances, amores y parientes. Renuncio a todo espíritu satánico de orgullo, amargura u ocultismo. Decido odiar la rebelión y la hechicería. No andaré en esas cosas nunca más. Por el contrario, quiero responder de manera agradable a ti cuando sea probado por estos espíritus engañadores. Te pido que quites de mí toda fortaleza mental, y me ayudes a pensar y ver con claridad.

"Decido no escuchar otras voces espirituales. Prefiero escuchar tu voz. A partir de este momento, no confiaré en espíritus mentirosos ni en los espíritus que dicen ofrecerme protección del mal. Cierro toda puerta a Satanás. No buscaré una falsa defensa para escudarme del mal, la explotación o el daño. En cambio, miro a ti y coloco mi confianza en ti para que me protejas del peligro, tanto de las personas bienintencionadas como de los espíritus demoníacos. Te elijo a ti, Espíritu Santo, para que seas mi Defensor. Te elijo a ti, Jesús, para que seas mi Salvador.

"Señor Jesucristo, por favor, perdona mis pecados. Confieso que no he amado correctamente. Por el contrario, he sentido resentimiento contra otras personas. Reconozco que esto es un pecado. Te lo confieso ahora y elijo perdonar a los que me han herido. Por tu sangre, me perdono a mí mismo como tú me has perdonado. Lamento mis pecados. Los confieso y renuncio a todos ellos, conocidos y desconocidos. Creo que moriste en la cruz por mis pecados, y que resucitaste de entre los muertos y ascendiste a Dios Padre. Ahora estás sentado a su diestra. Con arrepentimiento en mi corazón, te pido, Señor, que me libres y me hagas libre. Te pido que me libres de la trampa del cazador y me cubras como un escudo. Tu verdad es escudo para mí. Bajo tus alas me refugio.

"Reclamo tu promesa bíblica: Porque en ti he puesto mi amor, tú me librarás. Me pondrás en lo alto, porque he conocido tu nombre. Clamaré a ti, y tú me responderás. Estarás conmigo en la angustia, me librarás y me honrarás" (ver Salmos 91:14-15).

En resumen

Mi oración es que los que han sido limpiados y sanados del espíritu de Jezabel y su influencia se fortalezcan en el Señor Jesús y avancen para construir el reino de Dios. Que la sabiduría del Señor aumente de gran manera en su iglesia, y que nos dé la capacidad para ministrar restauración unos a otros.

A medida que el Espíritu Santo es derramado en los siervos y las siervas del Señor en estos últimos días (ver Hechos 2:18), que se levanten profecías, señales y prodigios dados por Dios para transformar a nuestra generación. ¡Que venga su Reino; que se haga en la Tierra como es en el cielo!

Catorce características de un espíritu de Jezabel

Presentamos a continuación algunas de las características que acompañan la obra de este espíritu demoníaco. Por favor, recuerde que una persona que está bajo la fuerte influencia de un espíritu de Jezabel puede hacer muchas de las siguientes cosas, en un momento u otro, aunque no necesariamente en el orden en que aquí se las presenta.

Una característica aislada no indica que alguien tenga un espíritu de Jezabel totalmente desarrollado. Puede significar, simplemente, que la persona es aún espiritual y emocionalmente inmadura. Pero cuando existe una combinación de varias de estas catorce características, nos encontramos frente a una clara indicación de que esa persona está bajo la influencia de un espíritu de Jezabel. Además, recuerde que una característica puede ser fácilmente observable, mientras que otras pueden estar ocultas, aunque sean muy profundas. Una manifestación prolongada de cualquiera de estas características justifica un estudio más detallado de la persona y la situación.

1. Aunque esto es casi irreconocible al principio, la persona se siente amenazada por un profeta, que es el principal blanco de su preocupación. Aunque la persona parezca tener dones proféticos, su objetivo es, en realidad, controlar a los que se mueven en el ámbito de lo profético.

2. Para crecer en su favor, la persona suele concentrarse en el pastor y otros líderes de la iglesia con el fin de encontrar el eslabón más débil para poder dominarlo. Su meta final es gobernar la iglesia.

3. Al tratar de ganar el apoyo de la gente y del pastor, la persona forma relaciones estratégicas con los que son considerados espirituales o influyentes por los demás.

4. En un esfuerzo por aparentar espiritualidad, esta persona busca reconocimiento cuando manipula las cosas con el fin de obtener una ventaja. Tales personas conjuran sueños y visiones de su imaginación o los "toman prestados" de otros.

5. Cuando esta persona recibe reconocimiento, inicialmente responde con falsa humildad, pero esta característica suele tener una duración muy breve.

6. Cuando se la confronta, la persona se pone a la defensiva. Justifica sus acciones con frases como: "Solo estoy haciendo la voluntad de Dios" o "Dios me dijo que hiciera esto".

7. La persona suele alegar que tiene grandes revelaciones sobre el gobierno de los asuntos de la iglesia, pero no se acerca a la autoridad legítima. Primero, acude a los demás. La opinión de la persona suele convertirse en la "última palabra" en cada asunto, con lo que cobra más importancia que la del pastor. Pero si su revelación es de Dios, la persona generalmente prefiere darla a conocer en vez de ponerla en oración.

8. Esta persona busca a los demás por motivos impuros. Trata de tener "discípulos" y necesita la constante seguridad que le brindan sus seguidores.

9. Sin ningún tipo de rendición de cuentas, prefiere orar por las

personas en situaciones aisladas, en un rincón o en otro salón. De esta manera sus insinuaciones y falsas palabras proféticas no pueden ser cuestionadas.

10. Ansiosa por obtener el control, esta persona trata de reunir a los demás y enseñarles. Aunque sus enseñanzas comiencen por ser correctas, pronto establece "doctrinas" que no son apoyadas por la Palabra de Dios.

11. Trata de ganar credibilidad y engaña a otros con profecías provenientes de su alma, o da la palabra que la otra persona desea escuchar. Profetiza medias verdades o hechos poco conocidos como si fueran de Dios. Estas personas también llegan a aprovechar la mala memoria de otros y cambia sus profecías anteriores, de modo que parezca que lo que "profetizaron" ha sucedido realmente.

12. Aunque la imposición de manos es bíblica, esta persona gusta de impartir un nivel "superior" en el espíritu, o "romper las barreras que limitan" a otra persona, al imponerle las manos. Pero el toque de la persona es, en realidad, una maldición. En lugar de una bendición santa, es posible que imparta un espíritu maligno.

13. Esta persona quiere ser considerada la más espiritual de la iglesia y oculta su baja autoestima con el orgullo espiritual. Quizá sea la primera en gritar o gemir, y anuncia que tiene una carga dada por Dios. Pero no se diferencia de los fariseos que anunciaban sus dones para ser vistos de los hombres.

14. Lamentablemente, la vida familiar de esta persona es dudosa. Puede ser soltera o casada. Si está casada, su cónyuge es, básicamente, débil, inconverso o infeliz. Esta persona domina y controla a cada persona de su grupo familiar.

Aspectos básicos de las fortalezas

Las fortalezas son áreas de la mente donde reinan las tinieblas. Una fortaleza es un sistema lógico, basado en una mentira, que llegamos a aceptar. Es un sistema de pensamiento que se forma detrás de cualquier respuesta habitual, adicción, fijación, compulsión, obsesión o temor desmesurado. Una fortaleza es cualquier patrón mental ajeno a la Palabra de Dios. Como tal, es un "puesto de comando" mental o emocional al que tiene acceso el enemigo. Este sistema mental o emocional tiene como fin crear información errónea y, por lo tanto, afectar nuestra capacidad para tomar decisiones. Por consiguiente, las fortalezas nos impiden llegar a ser como Cristo.

He aquí algunas verdades fundamentales sobre cómo funcionan las fortalezas y mantienen cautivas a las personas:

1. Las fortalezas son la principal estrategia de Satanás para trabajar en el mundo y en nuestras vidas.
2. Las fortalezas forman supuestos que distorsionan nuestra percepción de todo lo que encontramos.
3. Todos tienen fortalezas en su vida.

4. Ninguno de nosotros es tan libre como la muerte de Jesús en la cruz debería hacernos. Recordemos que la sangre de Jesús nos limpia de todo pecado (ver 1 Juan 1:7). Su sangre es un arma que desarticula fortalezas.

5. Como dice mi amigo Jack Taylor: "Si eres todo lo libre que quieres ser, eres todo lo libre que vas a ser hasta que desees otra cosa".

Cómo funcionan las fortalezas

1. Las fortalezas retrasan o impiden nuestro crecimiento y nuestra madurez espiritual y emocional.

2. Las fortalezas causan conflictos, separación y divorcio en los matrimonios. En la iglesia, causan divisiones. Provocan amargura, celos, ansiedad y depresión.

3. Las fortalezas dan poder a Satanás y sus demonios, mientras que entristecen a los ángeles y al Espíritu Santo.

4. Las fortalezas impiden que las personas cumplan con su destino personal y evitan que acepten lo que Cristo creó para que fueran.

5. Las fortalezas son un lugar o un punto de apoyo que el diablo tiene en nosotros (ver Efesios 4:22).

6. Las fortalezas producen desorden en lo económico y desorientación espiritual.

7. Las fortalezas debilitan nuestro cuerpo y nos hacen vulnerables a las enfermedades.

8. Las fortalezas nos provocan para que respondamos a los demás de maneras que ni siquiera entendemos. Fragmentan las amistades que queremos conservar y nos roban el gozo y la esperanza.

9. Las fortalezas quitan vitalidad a nuestra fe y hacen que veamos la Biblia de manera distorsionada. Nublan nuestra mente y la oscurecen, y aprisionan nuestro espíritu.

10. Las fortalezas solo pueden ser eliminadas de raíz. No pueden ser quitadas simplemente si solo atacamos sus manifestaciones externas.

11. Las fortalezas hacen que escatimemos el amor a los demás y nos impiden perdonar.

Mi oración

Esta es una oración que hago cada día por mi familia y por mí mismo. Siéntase en libertad de adaptarla a su tiempo diario de devoción personal con el Señor:

"Señor, humildemente admito que tengo fortalezas mentales que distorsionan mi percepción de lo que tú haces. Te pido que las derribes para que pueda percibir con claridad.

"Hoy me entrego al Espíritu Santo para andar en la plenitud de tu propósito para mi vida. Sé que puedo hacer mucho más en ti de lo que hago. Por eso, libero mi espíritu, alma y cuerpo para que sean totalmente tuyos hoy. ¡Amén!"

La historia de Amy

L a siguiente historia es el relato verídico de una mujer que siguió a alguien que tenía un espíritu de Jezabel. Mi oración es que lo lean en oración, y que su testimonio sea de aliento para los que han sucumbido ante este espíritu. Quiera Dios que la historia de Amy ilumine el camino hacia la verdadera libertad para los que son llamados a dar testimonio de Jesús, que es el espíritu de la profecía.

Amy

Mi primer encuentro con un espíritu de Jezabel comenzó hace muchos años. Yo había pasado al frente para pedir oración después de un culto en la iglesia. Necesitaba desesperadamente sanidad física y emocional. Había consultado a muchos especialistas y psiquiatras durante años, pero parecía que nunca podían ayudarme. Estaba exhausta y al final de mis fuerzas. Después de orar, una mujer que estaba allí adelante se me acercó. Parecía deseosa de ayudarme y sus palabras me sonaron muy espirituales. Me pidió mi número de teléfono y expresó interés en llamarme. No tengo idea por qué, pero le di mi número.

Cuando me llamó le conté sobre una voz interior que parecía clara, casi audible. Esa voz me enseñaba algo de la Biblia y me hablaba de mi situación y de cómo yo podía ser libre. Esa mujer me dijo que ella también había escuchado esa voz. Parecía una mujer de Dios, una intercesora, y aparentemente sabía mucho de la Biblia.

Entonces comencé a confiar en ella.

La enseñanza

Comenzamos a estudiar la Biblia juntas, buscábamos revelación. Ella insistía en que yo podía liberarme a mí misma por medio de las Escrituras. Hacía énfasis en la liberación. Siempre hablaba de Dios, pero muy sutilmente, el nombre de Jesús nunca era mencionado. Ella decía que nosotros –no Jesús– éramos los mediadores entre Dios y el hombre.

Comenzamos a usar los nombres de Dios para liberarnos. Por medio de esto encontraríamos una nueva libertad en el espíritu. Aunque yo deseaba desesperadamente escapar de mi gran dolor emocional, pasé cuatro años liberándome de una cosa tras otra o, como ella lo llamaba, "recuperando la posesión de la tierra".

Pronto llegó a ser muy importante para mí que esta mujer me aprobara. Después me di cuenta de que ella se nutría de mi espíritu y de mi adulación hacia ella. Comenzó a hacer énfasis en las disciplinas espirituales como el ayuno. Yo ayunaba para ganarme su aprobación, tanto como la de Dios. Al principio parecía que ambas estábamos recorriendo un camino, juntas. Cuando yo aprendía algo, se lo decía, y ella me respondía. Si ella aprendía algo, me lo decía, y yo lo asimilaba. Entonces unimos nuestros pensamientos para formar una enseñanza sobre liberación. Si alguien tenía problemas con un espíritu en particular, nos ofrecíamos para ministrarlo.

El matrimonio de Amy se deteriora

A medida que nuestra relación se profundizaba, mi relación con mi esposo se deterioraba. De hecho, él pensaba dejarme. Yo pensaba que él y no yo era el problema. Estaba ciega a cualquier otro punto de vista. Esa mujer solo empeoró mis problemas matrimoniales. Cuando llegaba a mi casa, demostraba poco respeto por los sentimientos de mi esposo. Si él llegaba a casa cuando ella estaba, se quedaba más tiempo y ocupaba toda mi atención. Mi esposo, que tenía dos trabajos, quería un tiempo para relajarse y disfrutar de su familia. Pero mi amiga era desconsiderada, maleducada para con mi esposo y con mi familia.

Aparente sumisión

Yo pensaba que me sujetaba a mi esposo porque aceptaba ciertas cosas. Pero, en realidad, no era una esposa sumisa. Seguía manejando las cosas y las hacía como yo deseaba. Si no lo lograba, manifestaba continuamente mi contrariedad. La tensión crecía cada vez más en mi matrimonio. Aunque es fácil hablar de sujeción, es difícil practicarla diariamente.

Notas y sueños

Entonces un nuevo pastor vino a la iglesia, y habló sobre el espíritu de Jezabel. Mi amiga y yo dimos por descontado que era un falso profeta. Hasta llegué a soñar que ese hombre tenía el espíritu de Jezabel. Así que decidí aconsejarle que buscara liberación. Hice unas notas y se las di a este pastor. Él las tomó muy amablemente, sin decir gran cosa. Después de eso, mi amiga y yo pensamos que él estaba bien. Hasta nos enorgullecía que hubiera "recibido" mi enseñanza. Pero él sabía detectar un espíritu de Jezabel, y pronto se dio cuenta de lo que sucedía con nosotras.

Convicción

Cuatro años más tarde alguien expuso el orgulloso engaño en el que yo estaba. Mi esposo se había convertido a Cristo durante ese tiempo. Una noche, mi hermana y su esposo, junto con otra pareja, oraron por mí y por mi esposo. Yo me daba cuenta de que mi hermana vacilaba. Pero tan pronto como ella comenzó a hablar, comencé a llorar.

Ella dijo que yo tenía un espíritu de engaño, y que mi amiga tenía un espíritu de Jezabel. Al principio escuché un ruido en mis oídos. "No puede ser", pensé. Horrorizada, quedé en silencio. Pero entonces una voz, mucho más queda, que parecía venir de mi corazón como un susurro, me dijo: "Recibe esto, es cierto". Cuando lo hice, la otra voz se acalló.

Cuando llegué a casa arrojé todas mis notas y enseñanzas a la basura. Fui a mi armario y saqué todas las ropas que esta mujer me había regalado. Me separé de ella por varios meses. Durante ese tiempo yo sufría y me cuestionaba si la revelación era verdadera. Algunas veces me sentía tentada a negar lo que mi hermana había dicho. Pensaba que había comprendido el espíritu de Jezabel y había llegado a liberarme de él. Pero, aunque había hecho mucho por distanciarme de ese espíritu, parecía que aún estaba dentro de mi cuerpo y de mi mente.

La separación

Al mirar atrás, creo que tenía miedo. Mis pensamientos estaban llenos de ansiedad e inseguridad. Pensaba que necesitaba apoyarme en esta mujer, sin darme cuenta de que el Señor me había dado a mi esposo con ese propósito. Todo ese tiempo el Señor me advirtió sobre esa mujer, pero yo no había roto la relación. No puedo culpar a mi amiga por lo que había dentro de mí. No puedo culparla por la voz que yo oía. Al mirar atrás, me doy cuenta que había escuchado esa voz aun antes de conocerla a ella. Pero la voz y los pensamientos que había en mi mente se hicieron más fuertes cuando me relacioné con ella.

Separarme de esta mujer fue como perder a mi madre. Durante años yo había alimentado su espíritu, y ella el mío. Lamentablemente, después de todos esos años, yo no tenía verdadero fruto espiritual ni poder sobrenatural. Pensaba que era sabia, pero descubrí que había vivido una vida de engaño y rebelión.

Hambrienta de misterios

Había estado hambrienta por conocer los grandes misterios de Dios. Entonces el Señor me dijo suavemente: "Tú querías conocer todos los misterios y tener todo el conocimiento sobre mí, pero el misterio más grande es que, mientras tú eras aún una pecadora, Cristo murió por ti". Fue una maravillosa revelación que me cubrió de humildad.

Un sueño revelador

Poco después el Señor me dio un sueño. Mi esposo y dos hijos estaban en un carro lleno de paja. Yo estaba por subir también, pero entonces, mi esposo dijo: "¿Quién va a empujar el carro?" Enojada y resentida, bajé. "He estado trabajando todo el día, y ahora tengo que empujar este carro hasta casa", me quejé. Pero lo sorprendente es que el carro no era nada pesado. Aun así, yo no entendía por qué mi esposo no me ayudaba.

Cuando le conté ese sueño a mi pastor, le dije: "Algunas veces, cuando le hablo a mi esposo, siento que le estoy hablando a una pared". Mi pastor, con mucha gracia, me instó a orar el pasaje de Efesios 5 para que mi esposo ocupara la posición que le correspondía.

Cuando llegué a casa, me puse de rodillas: "Dios, he pasado cuatro años haciendo lo que yo creía que era santo. Pensé que sabía cómo orar, pero ahora me doy cuenta de que no lo sé". Mientras decía estas palabras, recordé mi sueño. Repentinamente, me vi a mí misma subiendo al carro. Mis dos hijos tenían las riendas. Yo no decía nada. Había dejado de decirles a todos qué hacer y dónde debían estar. Por el contrario, simplemente me dejaba ir con el carro. Entonces, vi que mi esposo bajaba de él.

El Señor me habló muy claramente. "Lo que tú sentías con respecto de tu esposo, en verdad, no es que él no estuviera dispuesto a empujar, sino que tú no lo dejabas empujar". Con gran misericordia, Dios me mostró que yo era la pared en la relación con mi esposo. Yo no le había permitido recibir palabra de Dios por sí mismo. Me di cuenta de que mi actitud había sido: "Dios, tú dímelo a mí, y yo se lo diré a mi esposo". Entonces me arrepentí de mi orgulloso corazón.

Pedir perdón

Quedaba una cosa más por hacer. El Señor me hizo ver lo que yo había estado enseñando, y mi corazón se contristó por las personas que había guiado por un camino equivocado. El Señor me dijo: "Vas a tener que pedir perdón por lo que has enseñado a los demás". Yo había hablado de las enseñanzas y revelaciones de Jezabel con otras personas.

El Espíritu Santo hizo que escuchara la grabación de la enseñanza de mi pastor sobre el espíritu de Jezabel. Me tocó profundamente el pasaje de Apocalipsis que habla de los que *"no tienen esa doctrina"* (ver 2:24). Me di cuenta de que me había dejado llevar por la enseñanza de un espíritu demoníaco y la había enseñado a otros. El pasaje revelaba el juicio que caería sobre Jezabel y sus seguidores. Mi espíritu se contristó profundamente.

En ese momento Dios me dio un arrepentimiento profundo. Le confesé que la voz que había recibido no era su voz, y que la enseñanza no era su enseñanza. Esa noche estuve en guerra espiritual. Pero confesé a Dios: "Esta enseñanza que yo he creído, es de

Satanás". A la mañana siguiente se hizo la luz, y le di mi testimonio a mi pastor.

Él me dijo que, un año antes, me había visto sentada en el auto de esta mujer y había sentido que estábamos en relación con ese espíritu. Quiso decírmelo, pero el Señor no se lo permitió. Sabía que yo iba a rebelarme si lo hacía. Tuvo la sabiduría de Dios para esperar hasta el momento que el Señor dispusiera.

Claves para el perdón y la humildad

Debería ser fácil perdonar a alguien. Dado que mucho se me ha perdonado, tengo que amar mucho. Pero yo estaba muy dolorida. ¿Por qué aún me aferraba a mi dolor y mi resentimiento? El Señor Jesús dijo que pusiéramos sobre Él nuestras cargas y preocupaciones, pero creo que yo no lo había hecho así realmente hasta este momento. Me humillé delante mi esposo y le pedí perdón. Le dije: "Cometí muchos errores al tratar de conducir nuestra familia. Pero debo ejercitar la gracia suficiente para permitir que tú nos conduzcas".

En otros tiempos yo no confiaba en las decisiones de mi esposo, a menos que hubiera tenido parte en ellas. Hoy estoy aprendiendo a confiar en él así como confío en Dios. He elegido sujetarme a él como lo dice Efesios 5:22, y amar al Señor Jesucristo y solo a Él.

El espíritu de Jezabel simula exaltar a Dios, pero siempre se exalta a sí mismo. Este espíritu casi destruyó mi matrimonio y mi vida, y lo he visto hacer lo mismo con otras mujeres y sus familias.

Claves para el perdón y la humildad

Esperamos que este libro
haya sido de su agrado.
Para información o comentarios,
escríbanos a la dirección
que aparece debajo.

Muchas gracias.

PENIEL

info@peniel.com

www.peniel.com